경남대 극동문제연구소 북한연구 시리즈 43

사회주의 법 체제전환과 글로벌 거버넌스

윤대규 엮음

한울
아카데미

이 도서의 국립중앙도서관 출판예정도서목록(CIP)은 서지정보유통지원시스템 홈페이지(http://seoji.nl.go.kr)와 국가자료공동목록시스템(http://www.nl.go.kr/kolisnet)에서 이용하실 수 있습니다.
CIP제어번호: CIP2015032613(양장)

서문

경남대학교 극동문제연구소는 지난 2005년부터 정부 재원(교육부 학술연구조성사업비)으로 한국연구재단의 지원을 받아 연구를 수행하고 있다. '북한의 체제전환과 법제도'에 초점을 맞춘 본 연구소의 중점과제는 분석 수준에 따라 3단계로 구성되어 있다. 1단계(2005.12~2008.11)에서는 비교사회주의적 관점에서 북한의 법제도적 체제전환 가능성과 이를 지원하기 위한 국제협력의 과제를 분석했으며, 2단계(2008.12~2011.11)에서는 동북아 질서의 변화와 북한의 법제도적 체제전환의 상관성을 분석했다. 그리고 3단계(2011.12~2014.11)에서는 글로벌 수준에서 북한의 법제도적 체제전환을 위한 글로벌 거버넌스에 대한 연구를 진행 중이다.

3단계는 두 개의 세부과제로 나뉘어 진행되고 있다. 제1 세부과제(정치경제) 팀은 헬싱키 프로세스(Helsinki Process), 군축 레짐, 개발 지원, 접경지역 경제협력, 인권 등의 영역에서 만들어진 글로벌 거버넌스가 체제전환에 미친 영향을 다양한 사회주의 국가들의 사례를 중심으로 분석한다. 제2 세부과제(법제도) 팀은 다양한 이슈 영역의 글로벌 거버넌스가 시장경제법제, 노동법제, 인권법제, 분단국의 법제 등에 미친 영향을 분석한다. 이 책은 이 가운데 제2세부과제의 3단계 1차년도(2012년) 연구인 '사회주의 법 체제전환과 글로벌 거버넌스'의 결과물을 정리한 것이다.

특히 글로벌 거버넌스 차원에서 사회주의 국가들의 체제전환을 위한 법제 지원이 어떻게 이뤄져왔는지에 대한 사례를 연구한다. 동유럽 사회주의 체제전환과 중국 및 베트남, 쿠바의 사례, 그리고 분단국(동·서독, 남·북베트남, 중국·타이완) 사례를 분석하여 사회주의 법 체제전환과 글로벌 거버넌스의 상관성을 규명하고자 했다.

경제 분야에서는 글로벌 거버넌스의 주요 행위자들이 중국 및 베트남의 시장경제법제 제정 및 시행 과정에서 어떤 기술 지원을 해왔는지 살펴보고, 향후 북한의 법 체제전환과 관련한 시사점을 얻고자 했다.

이어 다자/양자 간 경제제재 레짐이 체제전환 이전 및 체제전환 착수 이후의 사회주의 국가에 어떻게 개입했는지 그 실태를 정리하고 이를 평가했다. 특히 글로벌 차원의 경제제재가 체제전환 이전 사회주의 국가의 경제활동에 어떠한 영향을 미치고, 체제전환 과정에서 어떤 역할을 수행했는지 살펴보는 데 중점을 두었다.

사회문화의 경우에는 체제전환국의 노동법제와 글로벌 거버넌스를 분석해 북한의 노동법제 체제전환에 관한 시사점을 찾고자 했다. 무엇보다 계획경제를 고수하려는 북한이 글로벌 거버넌스 체제에서 구축된 노동시장과 노동법제를 어떻게 평가하고 이에 대응해왔는지 검토하는 데 주력했다.

인권과 관련해서는 체제전환국들이 글로벌 스탠더드에 부합하는 인권규범을 갖추도록 하는 데에 글로벌 거버넌스 내 주요 행위자들의 역할이 무엇인지 분석했으며, 유엔 인권법제의 내용과 한계를 다루었다.

끝으로 분단국 사례에서는 동·서독과 남·북베트남, 그리고 중국과 타이완 등에 대한 글로벌 거버넌스 차원에서의 법 체제전환 사례를 분석하고, 남북한 법제 통합을 추진하는 데 글로벌 거버넌스을 어떻게 활용할 수 있을지 그 방안을 제시하는 데 역점을 두었다.

이 책은 사회주의 법 체제전환의 역사적 경험을 분석하여 사회주의 법 체제전환과 글로벌 거버넌스의 상관성을 규명하고, 이를 글로벌 거버넌스가 법제도 측면에서 북한 문제에 관여하는 현실에 비추어 보는 비교 연구 결과를 담았다. 이를 통해 사회주의 법 체제전환과 글로벌 거버넌스 간 상관성에 관한 보편적 특징과 특수성이 무엇인지를 밝혔다. 그리고 북한의 법 체제전환을 둘러싼 글로벌 거버넌스의 역할과 과제를 제시함으로써 북한의 법 체제전환을 위한 국제협력 방안을 모색하는 기본적인 토대를 제공하고자 노력했다.

끝으로 이 책의 출간에 도움을 주신 많은 분께 깊은 감사의 인사를 전하고 싶다. 먼저 본 중점연구소 지원 사업에 재정적 지원을 아끼지 않은 한국연구재단 관계자 여러분께 깊은 감사를 드린다. 그리고 본 연구 수행의 행정적 지원을 해준 경남대학교 박재규 총장님과 산학력단 관계자님, 그리고 북한대학원대학교 교직원 및 중점연구 참여 조교 선생님들의 많은 도움이 있었기에 출간이 가능했다. 이들 모두에게 깊은 감사를 드린다. 책의 출간을 위해 각별히 애써주신 도서출판 한울 대표님과 관계자 분들께도 심심한 감사의 말씀을 드린다.

이 책이 북한의 법제 변화와 국제사회의 법제도적 지원 관련 연구자들에게 널리 활용되어 관련 분야의 학문적 토대에 벽돌 한 장을 더 쌓을 수 있는 계기가 되기를 기대해 마지않는다.

2014년 11월

경남대학교 극동문제연구소장 윤대규

차례

제1장

국제기구의 중국·베트남 시장경제법제 개혁 지원 사례

북한에의 적용과 시사점

임을출

1. 서론

베트남과 같은 사회주의 체제전환국의 시장경제법제 구축 혹은 법제 개혁 경로는 비슷했다. 경제 개혁은 경제관리 방식의 변화에서 시작되었는데, 특히 기존의 행정명령(administrative commands) 등에 기초한 중앙 계획적 관리에서 법과 규정에 의한 관리로 전환하기 위하여 많은 새로운 법률이 제정되고 공포되었다. 그래서 초기에는 가능한 한 많은 법과 규정이 제정되고 공포되는 것이 중요했다. 하지만 시간이 지날수록 법규의 양보다 법규의 질이 중요한 것으로 간주되었다. 양질의 법규를 만들기 위해서는 양질의 법률 입안자가 필요하다. 이들은 적절한 입법 기술과 실정법에 대한 지식을 동시에 갖추고 있어야 한다. 개혁 초기 베트남에서 양질의 법률 입안자는 대부분 정부 공무원이었다. 그러나 시장경제가 발전하면서 기업인들이 특수 이익집단으로서 법제 구축에 영향력을 미치기 시작했다. 이들은 자신들의 정당한 경제적 이익과 권리를 보호해주는 법률을 원했다. 이런 맥락에서 양질의 법률은 다양한 집단의 이해를 잘 조정하고 반영해야 한다.[1] 미래의 북한 시장경제법제 내용과 구축 과정도 베트남 등 사회주의 체제전환국이 밟았던 경로와 비슷할 것이다.

여기서 주목할 점은 사회주의 국가들이 시장경제로 체제전환을 하면서 예외 없이 국제금융기구와 같은 국제기구의 지원을 받았다는 점이다. 체제전환국과 국제기구의 협력 수준은 전환의 성과에 적지 않은 영향을 미쳤다. 사회주의 체제전환국들은 계획경제에서 시장경제체제로의 전환에 따른 환경 변화에 대응할 법제 정비 없이는 의도한 목적을 달성할 수 없었다. 이는 북한도 예외일 수 없다.

이 글은 국제금융기구, 유엔 등 국제기구가 중국 및 베트남의 시장경제법제 도입 및 실행을 지원했던 경험을 우선 검토한다. 이를 토대로 향후 북한이 본격적인 시장경제체제로의 전환을 추진하고, 국제기구와의 협력관계를 형성할 경우 참고할 수 있는 교훈과 시사점을 도출하고자 한다. 북한 지도부가 중국과 베트남의 경제 발전 모델에 깊은 관심을 기울이고 있다는 점에서 다른 나라의 사례보다 적실성 있는 시사점을 제공할 것이다.[2]

---

1) Cao xuân Phong, "Vietnam Legal System Development Strategy and Experience on International Cooperation," International Institutions' Legal Assistance and Plan for Unification of Legal Systems of South and North Korea, Law Research Institute, Seoul National University International Conference(November 16, 2009), pp.75~76.

2) 김영남 북한 최고인민회의 상임위원장은 2012년 8월 4일부터 베트남을 방문해 응웬떤 중(Nguyen Tan Dung) 베트남 총리와의 회담에서 베트남의 경제·사회 건설 경험과 관련해 "좋은 모델을 공유하고 싶다"고 말했다. 장성택 북한 국방위원회 부위원장은 8월 13일부터 중국을 방문해 나선지구 및 황금평, 위화도 활성화를 포함한 경제협력과 관련한 주요 합의를 이끌어냈다. 북한은 두 나라의 경제 발전 모델에 큰 관심을 표명하며, 중국, 베트남과의 경제협력에 박차를 가하고 있다.

2. 국제기구의 개입: 방식, 유형 및 속도

1) 시장경제로의 전환과 법제 개혁 지원 배경

'시장경제로의 전환'은 사회주의적이고 권위주의적인 중앙집권적 계획경제체제에서 시장 지향적인 경제로의 종합적이고 구조적인 변화가 진행되는 과정을 의미한다. 시장경제는 가격기구를 바탕으로 재화와 서비스의 배분 및 광범위한 사적 자본을 보장하는 경제체제이다.[3] 현대 시장경제에서 정부의 역할은 경제 거래를 위한 게임의 규칙과 경제주체 간 형평성을 보장하는 규범을 마련하고 공공재를 제공함으로써 좀 더 경쟁적인 비즈니스 여건을 보장하는 것이다. 시장경제체제로의 이행을 위한 법제화는 우선 효율적인 자원 배분이 가능하도록 사유재산의 계약에 관한 법이 기본적으로 마련되어야 한다. 이러한 전제조건 아래 자유로운 경제주체들이 시장에의 진입과 퇴출을 스스로 결정할 수 있는 법제도인 상법, 외국인투자법, 경쟁법 및 파산법이 필요하다.[4]

체제전환국은 이러한 법을 스스로 만들 수 있는 경험과 역량이 부족하기 때문에 국제금융기구, 유엔 등의 다자 기구와 주요 선진 공여국(donors), 국제 NGO 등에 지원을 요청했고, 이 과정에서 체제전환국 '법제 개혁' 지원에 국제사회가 적극적으로 개입했다. 시장경제법제 구축을 지원한다는 것은 특정 국가의 모델을 단순히 이식하는 것이 아니라 해당 국가 법체제를 변화시키는 것을 의미하기 때문에 '법제 개혁'이라는 표현은 적실성을 갖는다.

---

3) 정영화·김계환, 『북한의 시장경제이행』(서울: 집문당, 2007), 35쪽.

4) 같은 책, p.36.

경제체제전환 과정에서 공통적으로 중시되는 정책은 자유화, 거시경제 안정화, 규제 완화와 사유화 등이었다. 자유화는 주요 가격을 시장에 의해 결정되도록 하고, 무역장벽을 낮추어 세계시장경제의 가격구조에 적합하게 만드는 것이다. 거시경제 안정화는 자유화에 따른 높은 인플레이션을 잡고 이를 조절하기 위해 정부의 예산, 재정, 화폐 정책 등에서 균형을 유지하도록 하는 과정이다. 규제 완화와 사유화는 사유화를 통해 기업의 소유를 전환하고 상품경쟁력을 강화하기 위해 기업의 회계구조와 임금구조를 전환하는 과정이다.

법제 개혁은 이러한 경쟁 정책에 적합하도록 법의 지배(Rule of Law: ROL)를 확립하고 정부의 역할을 재정립하는 노력 등을 포함한다.[5] 이러한 법제의 뒷받침을 통해 체제전환 과정의 안정성을 획득한다.[6] 국제사회가 법제 개혁을 지원하는 목표는 경제체제전환 국가가 법의 지배 또는 법치와 민주주의 권리에 기반을 둔 사회주의적 시장경제로 순조롭게 전환하는 것에 맞춰져 있다. 개인의 재산을 보호하고 계약을 집행하는 것은 시장경제를 운영하는 데 필수적이다. 법치가 정착되어야 상업거래 시 경제주체 간의 서로 다른 의견을 조율하고, 개인의 재산을 보호할 수 있는 효과적인 분쟁 해결 시스템이 원활하게 작동한다.[7]

사회주의 국가들의 시장경제법제 구축과 관련해 가장 활발한 지원활동을 펼친 세계은행(World Bank)은 회원국이 경제 발전 및 빈곤 퇴치를

5) Stanley Fischer and Alan Gelb, "Issues in Socialist Economy Reform," *Journal of Economic Perspectives*, Vol. 5(1991), pp.91~105.

6) Simon Johnson, Daniel Kaufmann, and Andrei Shleifer, "The Unofficial Economy in Transition," *Booking Papers on Economic Activity 2*(1997), pp.159~239.

7) 제임스 도빈스, 세스 G. 존스, 키스 크레인, 베스 콜 디그래스, 『미국 랜드연구소의 국가 건설 어떻게 할 것인가』, 임을출·손희경 옮김(서울: 도서출판 한울, 2011), 127쪽.

달성하기 위해서는 법치주의 확립이 중요하며, 지속가능하고 공정한 경제 및 사회 개발을 이루기 위해서는 원활하게 기능하는 법제 개혁이 필요하다고 강조했다.[8] 또한 '법의 지배' 개념은 세계은행 원조프로그램에서 필수불가결한 부분으로 강조된 '굿 거버넌스(good governance)'와 밀접한 연관을 맺고 있다.[9] 이들은 굿 거버넌스를 구성하는 주요 요소 가운데 법치의 강화를 특히 중요한 것으로 간주했다.[10]

이는 경제 개혁을 설명하는 대표적인 이론인 제도적 접근(institutional approach), 문화적 접근(cultural approach) 등으로 설명된다. 제도적 접근은 한 나라의 경제 개혁과 구조조정을 위해서는 바람직한 제도와 기구를 마련하는 것이 우선되어야 하며, 이러한 제도를 갖춤으로써 비로소 개혁은 성과를 낼 수 있다고 강조한다.[11] 세계은행은 해당 국가 국민의 소득 수준, 투자와 성장 정도, 1인당 평균 수명에 이르기까지 전 분야에서 투명하고 효율적인 정부 기구와 제도의 역할이 중요하다고 역설한다.

이 같은 국제기구의 지원 아래 체제전환국 정부는 효과적인 의사결정 구조의 확립, 친시장적 제도의 구축, 그리고 불필요한 정부 규제의 축소

---

8) Natalie G. Lichtenstein, "Lessons from the World Bank's Support for China's Legal Reforms," International Institutions' Legal Assistance and Plan for Unification of Legal Systems of South and North Korea, Law Research Institute, Seoul National University International Conference(November 16, 2009), p.29.

9) Carlos Santiso, "Good Governance and Aid Effectiveness: the World Bank and Conditionality", *The George town Public Policy Review*, Vol.7, No.1(2011), pp.1~22; Ibrahim F. I. Shihata, *Contemporary Reform: Essays on Legal, Judicial and Other Institutional Reforms Supported by the World Bank*(The Hague: Kluwer Law International, 1997), p.13.

10) World bank, Operations Evaluation Department(OED), OED IDA Review: Governance-The Critical Factor, IDA 10-12(2001), p.20.

11) John Owen, "The Foreign Imposition of Domestic Institutions," *International Organizations*, Vol.56, No.2(2002), pp.375~409.

〈그림 2-1〉 시장경제로의 전환과 법제 개혁

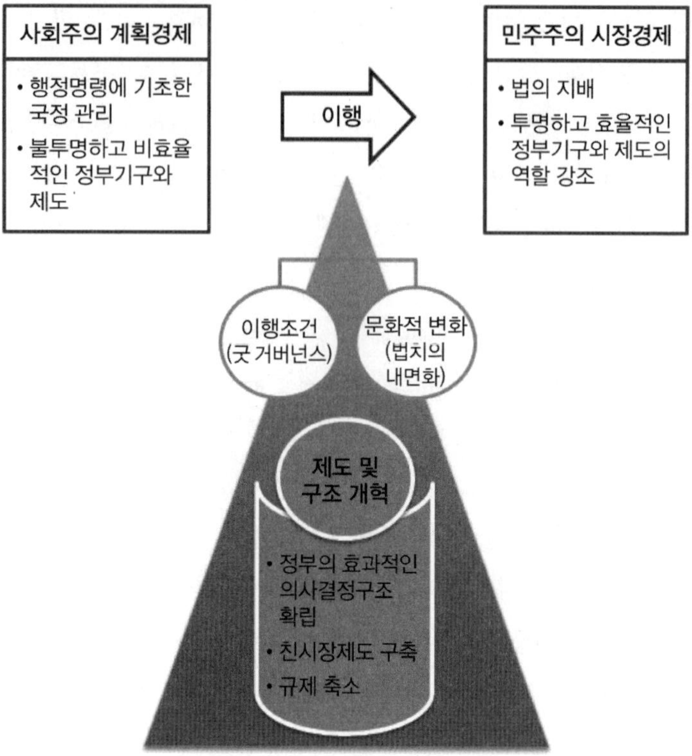

및 효율적인 규제 시스템 등을 구축하기 시작했다.[12] 이는 저개발 체제전환국이 빈곤 감소, 지속적인 경제성장, 그리고 정치적 안정을 달성할 수 있도록 유도하는 이행조건(conditionality)의 주요 내용인 공공 부문의 '굿 거버넌스' 정립을 주장하는 근거가 되고 있다.

굿 거버넌스 개념은 구소련을 비롯한 동구 사회주의권의 체제전환과

12) World Bank, *The Quality of Growth*(Oxford University Press, 2000), pp.136~137.

같이 근본적인 법 구조 변화를 초래한 정치적 격동의 시기였던 1990년대 초반에 국제금융기구들의 주목을 끌었다. 체제전환 과도기에 놓인 국가들에 대한 세계은행의 개입은 주로 재산권과 계약상 권리들을 보호하기 위한 '안정적이고 예측 가능한 경제체제'의 구축 및 기업의 발전과 외국인 투자를 촉진시킬 수 있는 환경으로의 개선에 중점을 두었다. 세계은행에 따르면, 법의 지배는 투명한 입법행위와 공정한 법의 집행, 질서를 유지하고 사적 부문의 성장을 장려하며 빈곤을 퇴치하고 정통성을 확보한 책임 있는 정부 등을 요구한다. 법과 사법의 개혁(law and judicial reform)은 '법의 지배'를 촉진하기 위한 수단이다.[13)]

이에 따라 국제기구들은 시장경제법제 구축 지원 프로그램의 전략적 목표를 이와 긴밀한 관계가 있는 민주주의와 통치(Democracy and Governance)에 두었다. 체제전환국이 민주주의와 시장경제 구축을 위한 건전한 토대를 마련할 수 있도록 헌법, 형법, 상법에 관한 입법 지원에서 법률 전문가들과 기업인들에 대한 교육에 이르기까지 입법 및 사법 개혁과 관련한 모든 영역을 지원했다.

초기 법제 개혁 지원 내용은 △ 개인의 재산권 보호, △ 계약의 존중, △ 공평하고 공정한 기업 창설과 퇴출(청산), △ 공정하고 투명한 공개경쟁을 통한 재화와 용역의 구입과 판매 등이었다. 결국 법제 개혁은 개인과 기업의 경제적 자유를 보호하고 촉진할 수 있는 적절한 법적 틀을 세우는 데 초점이 맞춰져 있었다. 여기에 더해 제정 혹은 개정된 법이 공정하고 예측 가능한 방식으로 집행되도록 하는 기구의 설립도 중요했다. 예를 들면, 상법을 제정하거나 개정한 경우, 이를 집행하기 위한 법원의 역량을 강화하기 위해 사법 개혁을 지원했다. 법원은 계약 및 파산과 관련해

---

13) 같은 책, pp.2~3.

가장 중요한 집행기관이고, 담보와 관련해서는 – 담보법에 따라 권리를 정하는 데 – 2차적인 집행기관이다. 이에 따라 체제전환국들은 △ 실체법과 절차법의 초안 작성을 포함하는 법적 토대 마련, △ 법원, 지방의 입법 및 사법 센터, 정부의 행정부처 등 실행기구 정비, △ 시장경제를 위한 헌법적 토대 구축, △ 상법 등에 따른 시장 개혁 지원 등의 영역에서 국제기구의 집중적인 지원을 받았다.

법제 개혁의 실효성을 확보하기 위해서는 문화적 측면의 변화도 강조되어야 한다. 체제전환국의 법조계 인력을 양성하고 인프라를 구축하고 제도 개혁을 지원하는 일도 중요하지만, 이것만으로는 충분하지 않다. 법제의 활성화는 새로운 규칙, 제도, 법령을 만들면서 문화를 변화시키는 것과 연관되어 있다. 즉, 이들 새로운 법제가 널리 공유되고 개인의 가치관을 변화시키는 등 문화적으로 체제전환국 사회 발전에 기여하지 못한다면, 아무리 훌륭한 법제와 법원 등의 인프라가 갖춰져도 무의미할 수 있다.[14)]

2) 개입 방식: 직접 vs. 간접

국제기구들의 체제전환국가에 대한 법제 지원은 직간접적으로 이뤄졌다. 법제도의 개선이나 개혁 자체를 목적으로 직접 기술 지원을 하거나, 다른 프로젝트나 프로그램을 수행하기 위한 조건(conditionality)이나 수단으로서 법제 개혁을 간접 지원했다.

직접 지원의 경우에는 국제금융기구가 외국인투자법제, 토지개혁 관련 법 정비와 관련해서 직접 입법하거나 기존 법률을 수정하는 방식으로

---

14) 제임스 도빈스·세스 G. 존스·키스 크레인·베스 콜 디그래스, 『미국 랜드연구소의 국가 건설 어떻게 할 것인가』, 144쪽.

참여했다. 또한 법제 개혁이나 반부패 제도 자체를 개선하기 위하여 지원하는 경우도 있었다. 대부분 시장 친화적 환경을 조성하거나 공적 부문 개선을 위한 '구조조정 정책 자금 지원(Structural Adjustment Loan)의 형식이었다.[15]

특정 경제 분야의 효율적인 성과 창출을 위해 법제도의 개선이나 개혁이 필요한 경우에 간접적 방식이 적용되었다. 경제 지원을 위한 선행조건으로 법제 개혁을 요구하는 경우가 이에 해당한다. 이때 국제금융기구 등은 체제전환국이 제시한 법제 개혁을 수행할 수 있도록 필요한 정보를 제공하거나 자문을 진행한다.

국제금융기구와 선진 공여국은 금융 지원과 동시에 효과성과 이행력을 높일 수 있는 법제 정비를 요구해왔다. 이들은 부패한 관리, 낙후된 행정체계, 기타 비효율적인 제도가 존재할 경우 원조의 효과성이 크게 떨어진다고 본다. 시장 활동에서 소외된 국가와 국민에게 금전적 지원을 하기보다는 시장에 더 쉽게 접근할 수 있도록 제도를 개선하고, 이를 통하여 국가의 경제성장을 촉진시킬 수 있는 제도를 구축하는 것이 국가 발전에 더 효과적이라고 보는 것이다.[16] 이와 관련된 법제도는 대부분 시장경제 법제와 연관이 있다.

초기에는 국제금융기구가 일방적으로 이행조건을 부과함으로써 수원국인 체제전환국들로부터 많은 비난을 받았는데, 점차 당사자들의 입장이 반영되었다. 하지만 법제 개혁을 조건으로 부과하는 국제금융기구에

---

15) World Bank, Program Document, Programmatic Adjustment Loan, Bulgaria (2003); World Bank, Second Programmatic Structural Adjustment Loan for Latvia(2001) 참조.

16) 정순원, 「북한의 경제체제전환과 법제 정비 방안」, 제124회 북한법연구 월례발표회(2008.1.31), 2쪽.

서 금융 지원을 받기 위해서는 이를 반드시 이행해야 했다.[17] 베트남도 1993년 국제금융기구가 제시한 이행조건이었던 가격자유화, 재정과 금융의 분리, 국영 기업 개혁 등이 지도부의 의지와는 다소 괴리가 있는 내용이었지만, 이를 이행할 수밖에 없었다.[18]

최근에는 개발정책자금(development policy loan)을 투자자금과 연계해 지원한다. 경제 지원 프로그램과 병행하여 직접적으로 법제 지원을 하는 것이다. 정책자금은 농업, 재정 등과 같은 경제의 핵심 분야에서 법제도적 틀을 마련하는 기본 정책 환경을 조성하고, 이 틀 위에서 구체적인 정책 목표를 실현할 수 있도록 투자자금을 지원한다.[19] 예를 들면, 개발정책자금 지원에 의해 기본적인 입법이 수립되면 이를 실현하기 위한 실체적·절차적 규정을 만들거나 새로운 기본 입법, 기존의 법을 개정 또는 폐지하는 사업에 투자자금이 활용된다. 국제금융기구는 두 자금 지원 방식을 연계하여 운영함으로써 효과적으로 시장경제법제 구축이라는 목적을 달성할 수 있을 것이라 기대했다.

3) 속도 및 범위: 급진적 vs. 점진적 vs. 포괄적

국제금융기구들은 체제전환국의 민간 부문(기업)의 발전이 경제 발전에 큰 영향을 미친다고 간주했다. 따라서 민간 부문의 발전을 가장 높은

---

17) World Bank(Operations Policy and Country Services), Adjustment Lending Retrospective Final Report(June 15, 2001), p.11.

18) 김성철, 『베트남 대외경제개방 연구: 북한에 주는 함의』(서울: 통일연구원, 2000), 73쪽.

19) World Bank, Development Policy Loan to Ukraine, Program Document(2005), p.16; World Bank, Structural Adjustment Credit to Albania, Project Performance Assessment Report(2004), pp.16~17.

우선순위에 두어왔다. 이는 일자리 창출, 소득 및 세수 증대, 재화 및 용역의 유용성 증가에 필수적이기 때문이었다. 따라서 체제전환의 초기 단계에서 국제기구의 조언을 받았던 구사회주의 국가 대부분은 다양한 분야에서 민영화를 추진했다. 국가가 다양한 형태로 보유하고 있던 소유권을 민간 기업에 이전한 것이다. 민영화 대상에는 국영 기업에 귀속된 국가 소유의 자산들, 즉 토지, 건물, 은행, 지하자원 등이 포함되었다.

이에 따라 국제기구들은 동유럽 사회주의 체제전환국의 경제를 전환하는 데 1990년대 초기에는 주로 '기업법'과 '파산법'을 통하여 변화를 유도했다.[20] 이 두 가지 법은 투자 환경 개선에 큰 도움이 되었다. 민간 기업 활동을 활성화시키고, 민간 기업이 국영 기업과 같은 조건에서 비즈니스를 할 수 있도록 보호해주는 역할을 했다. 또한 체제전환 국가의 재정부담을 야기했던 부실한 국영 기업을 정리하여 경제의 구조조정을 촉진하고 사적 소유를 확대시키는 데도 중요한 역할을 했다. '파산법'은 경쟁을 촉진하는 방법이 되기도 한다. 한편, 구조조정과 민영화의 확대는 국영 기업을 개인에게 분배한다는 차원에서 구조조정의 의미가 있지만, 넓게 보면 구조조정을 통해 새로운 경제주체(기업)의 진입을 가능하게 한다는 측면에서 경쟁을 촉진한다.[21]

---

20) 유럽과 중앙아시아에서 있었던 법률 지원 프로젝트의 항목별 예산 집행 비율을 보면, '기업법'과 '파산법'이 체제전환의 법제 정비에서 얼마만큼의 비중을 차지하는지 알 수 있다. 상업 부문과 금융 부문에 대한 법제 정비가 50~60%를 차지하고, 그중 '기업법'과 '파산법'이 차지하는 비율은 39~50% 이상이다[Poonam Gupta, Rachel Kleinfeld, and Gonzalo Salinas, "Legal and Judicial Reform in Europe and Central Asia," *The World Bank Operations Evaluation Department, 27811*(2002), pp.22~23].

21) Carolyn Brzezinski, "Competition and Antitrust Law in Central Europe: Poland, The Czech Republic, Slovakia, and Hungary," *Michigan Journal of International Law*, Vol.15, Issue.4(1994), p.157.

'파산법'은 국영 기업 종사자의 일자리 상실 등에 따른 정치적 저항을 불러왔기 때문에, 러시아와 같은 일부 국가는 정치적으로 덜 민감한 민영화된 기업의 활동을 돕는 '기업법' 위주로 법제를 정비하는 소극적인 경향을 보였다. 하지만 상대적으로 정치적 안정성을 유지했던 헝가리는 기업 활동의 촉진을 위해 '파산법'을 제정하는 등 급진적 개혁정책을 통하여 투자를 적극적으로 유치하는 전략을 선택했다. 러시아의 '기업법'과 헝가리의 '파산법'이 기업 활동에 미치는 영향을 비교할 때, 헝가리의 '파산법'이 체제전환에 따른 성과 측면에서 더 좋은 결과를 낳은 것으로 평가받고 있다.[22)]

헝가리는 '파산법'을 통해 기업들이 파산 시스템에 맞춰 자본주의 기업의 경성예산제약(hard budget constraint)을 실시하도록 유도했고, 긴축적 거시경제를 유지하면서 구조조정에 성공을 거두었다. 반면, 러시아는 회사법을 개정하는 데 더 중점을 두었다. 러시아에서는 종업원 소유의 기업이 많았는데, 이런 기업 환경에서 단순히 사유화 정책을 반영한 수동적인 회사법은 오히려 주주 이익과 종업원 소유자 이익 사이의 충돌과 분쟁을 유발시켜 경제 개혁의 속도를 늦추는 요인이 되었다. 헝가리와 러시아의 사례는 시장경제법제를 급진적으로 구축할 것인지, 점진적으로 구축할 것인지 그 속도를 결정하는 것은 국내 정치 및 기업 환경과 같은 각국의 사정에 따라 달라질 수밖에 없음을 잘 보여준다.

한편, 국제사회는 2000년 이후 경제·사회·환경 등 종합적 시각에서 수원국의 발전을 지원하는 포괄적 발전체계(Comprehensive Development Framework)를 도입하기 시작했다.[23)] 이 체계는 개인이나 기업의 재산권

---

22) Cheryl W. Gray and Kathryn Hendley, "Developing Commercial Law in Transition Economies: Examples from Hungary and Russia," *Policy Research Working Paper 1528*(World Bank, 1999), pp.42~45.

을 보장하는 소유권 제도를 강화해 투자와 소득 증대를 촉진하고, 더불어 계약 이행을 위한 사법제도를 강화시켜 경영 활동의 위험 요인을 줄여나가는 데 초점을 맞추고 있다. 국가 발전에서 제도와 거시경제 간의 상호의존성을 강조하는 것이 특징이다.[24] 개인이 더 효과적인 기술에 투자하고 노동을 숙련시키며, 효율적으로 시장이 운영되도록 경제적 유인을 제공하는 것은 결국 각종 제도적 틀이다. 이러한 제도적 틀을 구축하는 과정은 포괄적인 법제 정비를 요구한다.[25]

이에 따라 시장경제에 적합한 법률의 도입뿐만 아니라 시장경제에 적합한 법률을 제정하거나 이행할 수 있는 사법부의 수행 능력을 강화시키고, 더불어 사법시스템을 개혁하는 것이 중요한 과제로 등장했다. 이 과제 아래에서는 체제전환국이 시장경제법제를 수동적으로 받아들이는 것이 아니라, 시장경제법제도를 운영할 수 있는 법률 전문 인력을 양성하는 교육, 법률 정보의 공개를 확대하는 정책, 국민들이 사법 시스템을 적극 이용하고 사법부의 결정을 더 폭넓게 수용할 수 있도록 하는 방안 등 법치를 사회에 내면화시키는 정책, 시장경제법제가 현실에서 적용되도록 하는 법률 서비스의 확대 정책 등이 중요시된다. 이를 위해 법률 초안을 작성하는 기술과 같은 단기적인 지원 정책에서 빈곤 감소, 제도 구축, 사회구조적 개혁 실현 등과 같은 장기적인 전망에 토대를 둔 법제 정비가 국제기구들의 핵심 과제로 부각된다.

체제전환국들에 대한 포괄적 법제 정비 지원은 제도적 접근과 문화적

---

23) World Bank, *Supporting Development Programs Effectively: Applying the Comprehensive Development Framework Principles: A Staff Guide*(2004).

24) World Bank, *World Development Report 2002: Building Institution for Markets*(2001), pp.3~29.

25) 같은 책, p.3.

접근의 결합을 통해 시장경제법제의 실효성을 높이는 데 기여한 것으로 평가받고 있다.

4) 법제 개혁 협력 방식과 유형[26)]

국제금융기구에 의한 체제전환국 법제 개혁은 대부분 기술 지원(technical assistance for legal and judicial reform 또는 legal technical assistance)을 통해서 이루어졌다. 기술 지원과 관련해 공통적으로 강조된 것은 체제전환국의 법 관련 조직과 실무자에 대한 인적·조직적 역량(capacity)을 쌓는(building) 일이었다. 이는 기본적인 법체계를 설계하고 고안하는 작업과 법 실행의 중요성을 보여준다. 국제금융기구는 시장경제체제로 전환하는 국가들을 대상으로 성공적인 시장경제제도로의 개혁을 위하여 필요한 제도를 구축하고 강화하기 위한 기술 지원과 수용 능력 향상을 위한 다양한 프로그램을 만들어 운영했다. 국제금융기구를 비롯해 다양한 공여자들이 제공한 기술 지원 내용을 분류하면 다음과 같다. 이는 국제기구와 체제전환국의 법제 관련 부서의 실무자들과 전문가들 사이의 상호작용에 따라 몇 가지 범주로 구분된다.

첫째, 수용능력 강화 및 제도 구축 서비스(capacity/institutional building service)이다. 여기에는 수원국 정부가 입법 활동이나 관련 분야의 활동을 효과적으로 수행하기 위해 관련 제도를 개선하고, 해당 분야의 데이터베이스를 구축하거나 정보를 당사자나 일반 국민에게 전달하는 등 법제도에 대한 수용능력을 제고하기 위한 여러 활동이 포함된다.

---

26) 법제 지원의 유형에 관해서는, 윤대규·임을출, 『북한 경제 개혁을 위한 새로운 패러다임: 개발협력의 이론과 실제』(서울: 도서출판 한울, 2006), 334~336쪽 참조.

둘째, 훈련과 교육서비스(training and educational service)로, 새로운 법이나 제도를 수행하기 위해 해당 공무원들을 훈련시키는 경우이다. 외국의 법제도나 국제 규범에 대한 교육을 비롯해 체제전환국 국민을 대상으로 새로운 법제에 대한 이해 수준을 높이고 공감대를 확산시키기 위한 홍보 교육이 여기에 해당한다. 미국이나 제3국으로의 연수를 비롯하여 체제전환국의 전문가들에게 제공하는 훈련 프로그램, 체제전환국 법학자와 국제금융기구나 공여국의 법 전문가 사이의 파트너십을 형성하는 프로그램 등도 추진되었다.

셋째, 입법 자체(law-making service)를 지원하는 것이다. 예를 들면, 수원국이 필요로 하는 특정 법의 초안을 작성해준다. 수원국은 이를 바탕으로 법안을 수정 및 보완하거나, 필요하면 일정한 입법 절차를 통하여 유효한 법으로서 효력을 발휘하게 할 수 있다.

넷째, 컴퓨터 장비와 같은 물품과 정보기술의 제공이다. 체제전환국이 국제금융기구 등으로부터 받은 다양한 기술 지원을 지속하는 프로그램을 운영할 수 있도록 관련 물품과 기술을 제공하는 것이다.

3. 베트남과 중국에 대한 국제기구의 개입 사례

중국과 베트남은 사회주의체제를 유지하면서 경제체제의 전환을 통한 경제성장을 추구하는 과정에서 시장경제법제가 발전했다는 점에서 구소련이나 동유럽 사회주의 국가들과 다른 특징을 보여준다.

1) 베트남 사례

베트남은 포괄적 법제 정비 방식을 통해 시장경제법제를 구축한 대표적인 나라이다. 베트남은 2001년 4월 제9차 전당대회에서 '사회주의 시장경제체제(socialist-oriented market economy)'를 향후 베트남이 지향해야 할 체제로 공식화하고, 2001년 12월에 개최된 제10대 국회 제10차 회기에서 헌법을 개정하여 헌법상의 국체를 '사회주의 법치국가(law-governed socialist country)'로, 경제체제를 '사회주의 시장경제체제'로 규정했다. 이후 베트남은 개혁·개방을 위한 법제 정비를 글로벌 거버넌스와의 공조하에 〈표 1-1〉과 같이 단계적으로 추진했다.[27)]

베트남도 법치로 전환하기 이전 시기인 1986~2002년 사이에는 주로 행정 지침에 의해 경제 정책이 관리되어왔으나, 도이모이(Doi Moi) 정책[쇄신 정책(renovation policy)] 도입 이후 새로운 법제의 개발(development)이 불가피했다. 이 과정에서 유엔개발계획(UN Development Plan: UNDP)이 결정적인 역할을 수행했다. 특히 2002년 4월부터 UNDP는 베트남 법

〈표 1-1〉 베트남 경제법제의 발전 단계

단계 구분	기간	비고
1단계	1986~2002	법제개발전략 시작 이전
2단계	2002~2005	법제개발전략의 전개
3단계	2005년 이후	법제개발전략의 이행

자료: Cao xuân Phong, "Vietnam Legal System Development Strategy and Experience on International Cooperation," pp.59~77.

27) 법무부, 『베트남 개혁·개방법제 개관』(과천: 법무부 법무실 특수법령과, 2005), 48~49쪽.

제개발전략(Vietnamese Legal System Development Strategy: LSDS)에 대한 사전준비 지원(preparatory assistance)으로서 법률수요조사(Legal Need Assessment) 프로젝트를 지원했다.

법제개발전략을 추진하는 과정에서 도이모이 정책의 필요성을 둘러싼 베트남 내부 세력 간의 이념 충돌, 도이모이 정책 지지자들의 시장경제에 대한 이해 부족과 관련 법제 정비 절차에 대한 지식 부재 등이 장애물로 작용했다. 이 때문에 국제기구와의 협력은 필수불가결한 과제로 부상했다. 여기서 주목할 점은 베트남공산당이 개혁의 핵심 역할을 수행했다는 것이다. 도이모이 정책 자체도 1986년 베트남공산당에 의해 공식적으로 발표되었다. 따라서 국제기구 관계자들도 베트남공산당과의 협력을 매우 중시했다.[28] 베트남은 1980년대 후반부터 선진국과 국제금융기구, 유엔, 유럽연합(Europe Union: EU), 국제 NGO 등 수많은 공여자로부터 법제개발 지원을 받았으나, 상당 기간 시행착오를 반복해야 했다. 베트남 정부기관과 국제기구들의 협력은 그만큼 효과적이지 못했다.

그러다가 1994년부터 베트남과 국제기구와의 협력은 △ 새 법률[29]의 입안 및 공포, △ 법 집행기관의 역량 강화, △ 법적 훈련, △ 법 정보 및 법의 확산, 법적 구호 네트워크 개발 지원 등 네 개 목표에 기초해서 간소화되었다.[30] 이 목표 달성을 위해 UNDP, 일본국제협력기구(Japan International Cooperation Agency: JICA), 스웨덴국제개발청(Swedish International-

28) 베트남 법무부 선임법률연구관, 베트남 법무부 법과학연구소 비교법·국제법센터 사무이사인 까오 쑤언 퐁(Cao xuân Phong)과의 인터뷰(2009.11.16).

29) 새로운 법률로는 '회사법', '민법', '상법', '증권법', '파산 및 분쟁해결법', '경쟁 및 소비자보호법', '토지·자연자원 및 환경법', '은행 및 신용기관법', '공공재산관리·예산 및 조세법'이 포함되었다.

30) Cao xuân Phong, "Vietnam Legal System Development Strategy and Experience on International Cooperation," p.83.

al Development Cooperation Agency: SIDA), 덴마크국제개발처(Danish International Agency: DANIDA), 국제금융기구 등 30여 개의 공여자가 지원했는데, △ 베트남 법 전문가들의 입법 기술 향상, △ 법 집행 기관들의 역량 강화, △ 법 집행 기관 및 기구의 시설 현대화와 근무 환경 개선, △ 일반 주민의 법 접근성 향상 및 법 인식 강화 등 각 영역에서 긍정적인 성과를 올렸다.[31] 하지만 베트남 정부의 조정 능력이 취약했기 때문에 법제 개혁을 지원받는 과정에서 중복 지원과 특정 영역에의 집중 지원에 따른 불균형 현상이 발생하기도 했다.[32]

베트남 의회와 공산당은 법제 구축과 관련한 취약성은 법제 전략(legislative strategy)의 부재에 인한 것이라고 평가하고, 사회경제개발 10개년계획(2001~2010년)의 요구에 부응하고 '인민의, 인민에 의한, 인민을 위한' 사회주의 법치국가의 건설을 위해 포괄적인 법제개발전략의 수립을 서둘렀다. UNDP 등 국제사회는 전략 수립을 위해 법률수요조사의 필요성을 주장했고, 베트남 정부는 이를 수용해 직접 조사를 시행했다. 이 조사 내용과 법률수요조사단의 건의에 기초해 법제개발전략을 수립했다. 이 조사는 UNDP가 주도했는데, 베트남 정부가 UNDP는 비정치적이고 중립적인 국제기구라는 인식을 갖고 있었기 때문이다.[33]

법제개발전략의 목적은 안정적이고 포괄적이며 실행 가능하고 투명한 법제를 발전시켜 2020년까지 베트남을 현대화된 선진국가로 만드는 데 있었다. 사실 이 전략은 베트남 내부의 변화가 너무 빨랐기 때문에, 이에

31) Judicial Publishing House, *Assessment of the Current Status of International Legal Cooperation Activities in Vietnam with respect to Management and Coordination*(2005), pp.28, 61~69, 167, 201~208.

32) 베트남 법무부 선임법률연구관, 베트남 법무부 법과학연구소 비교법·국제법센터 사무이사 까오 쑤언 퐁과의 인터뷰(2009.11.16).

33) 같은 인터뷰.

대응하기 위해 서둘러 수립한 것으로 알려진다. 베트남 정부는 이 전략의 이행을 위해 인권 및 시민의 자유와 민주적 기본권을 보장하기 위한 법을 개발하고 개선했으며, 사회주의 시장경제법제 강화에 초점을 맞춘 민법 및 경제법을 개발하는 데 집중했다.

UNDP는 베트남 측과 국제기구 혹은 국제사회의 원조 공여자(foreign donors) 사이의 조정자(coordinator) 역할을 한 것으로 평가받는다.[34] 특히 UNDP는 국제사회의 지원이 어느 한 법률에 치중되는 것을 막는 등 효율성과 효과성을 높이기 위해 적극적인 조정자 역할을 수행했다. 이에 따라 국제기구를 포함한 국제사회의 공여자들은 UNDP의 조정 아래 법제 개발전략을 추진했다. 베트남은 포괄적 빈곤 퇴치와 경제성장이라는 장기적 목표 아래 다양한 분야에서 파트너그룹을 운영[35]했는데, UNDP가

---

34) Cao xuân Phong, "Vietnam Legal System Development Strategy and Experience on International Cooperation," p.72.

35) 베트남 개발 지원을 위한 파트너 그룹은 다음과 같다. △ 빈곤 관련(Poverty Working Group): 세계은행, UNDP, △ 젠더(Gender): 베트남 정부, 세계은행, △ 환경(Environment/ISGE): 베트남 정부, △ 국민 참여(People's Participation): UNDP, △ 국영 기업 개혁(Stated-Owned Enterprise Reform & Equitization): 세계은행, △ 금융(Financial Sector): 세계은행, △ 무역(Trade): 세계은행, △ 중소기업(Small and Medium Enterprises): 유엔공업개발기구(the United Nations Industrial Development Organization: UNIDO), 일본 정부, △ 교육(Education): 베트남 정부, 유엔교육과학문화기구(United Nations Educational, Scientific and Cultural Organization: UNESCO), 영국국제개발부(DFID), △ 보건(Health): 국제보건기구(World Health Organization: WHO), △ 에이즈 예방(HIV/AIDS): 유엔에이즈계획(UN Programme on HIV/AIDS: UNAIDS), △ 삼림(Forestry-FSSP): 베트남 정부, △ 자연 재해 방지(Natural Disasters Mitigation): 베트남 정부, △ 농업 및 농촌 개발(Agriculture and Rural Development, ISG-MARD): 베트남 정부, △ 교통(Transport): 베트남 정부, 일본의 국제협력은행(JBIC), △ 도시 관련 포럼(Urban Forum): 베트남 정부, △ 공공기관 개혁(Public Administration Reforms): 베트남 정부, UNDP, 아시아개발은행(Asia Development Bank: ADB), △ 법(Legal): UNDP, △ 공적 금융 관리(Public Financial Management): 베트남 정부,

법률 부문 파트너그룹의 책임자 역할을 맡고 다른 국제금융기구 등이 파트너로 참여했다.

베트남은 잠재적으로 특정 국가의 문화적·정치적 영향력이 과도하게 확대되는 것을 막기 위해 지원 주체를 다양하게 설정함으로써 정치적 영향력의 분산을 시도했다. 하지만 정치적 중립성이 강한 UNDP와는 특정 분야에 한정하지 않고 지식 협력을 확대하여 법률 전문가를 육성하고, 국회나 사법부 등 시스템을 정비하는 데도 다양한 조언을 얻었다.

국제금융기구는 주로 조건부융자나 조정융자(adjustment loans) 등을 통해 베트남의 주요 경제 법안의 입법과 규정이 일관성 있게 준수되도록 했다.[36] 아시아개발은행은 베트남의 입법 및 사법 개혁을 위해 △ 베트남의 법 담당 공무원 재교육을 위한 기술 지원,[37] △ 베트남의 기업화 및 기업지배구조 구축을 위한 기술 지원,[38] △ 베트남의 담보 거래 등록을 위한 법적 제도 개발 및 역량 구축[39] 등을 지원했다.

△ 원조 효율성 관리(Partnership group on Aid Effectiveness): 베트남 정부와 일본 정부, △ 베트남 비즈니스 관련 포럼(Vietnam Business Forum): 국제금융공사(International Finance Corporation, IFC)[World Bank, *Vietnam Partnership Report 2005: Working in Partnership to Deliver Results*(2005)].

36) 윤대규, 『법제도 개혁을 위한 국제금융기구의 지원에 관한 연구』(서울: 한국법제연구원, 2006), 20쪽.

37) ADB, Technical Assistance Completion Report, Technical Assistance for Retraining Government Legal Officers, TA 2853-VIE(2003).

38) ADB, Report and Recommendation of the President to the Board of Directors on Proposal Loans and Technical Assistance Grants to the Socialist Republic of Vietnam for the State-owned Enterprise Reform and Corporate Governance Program(1999), pp.63~80; ADB, Technical Assistance Completion Report for TA for Corporatization and Corporate Governance(TA 3353-VIE) included as Appendix 3 in Program Completion Report on the State-Owned Enterprise Reform and Corporate Governance Program to the Socialist Republic of Vietnam(2004).

2) 중국 사례

중국도 베트남과 마찬가지로 사회주의 체제를 유지하면서 경제체제의 전환을 통해 경제성장을 추구하는 과정에서 시장경제법제가 발전했다. 베트남과의 차이점은 경제특구 지역을 지정하여 시장경제법제를 도입하고 실험함으로써 새로운 경제체제에 대한 시행착오를 최소화한 점이다. 중국 중앙정부는 경제특구를 통하여 시장경제와 상품시장을 발전시켰고, 시장경제의 요구에 맞는 현대적인 기업제도와 사회보장체제를 수립하는 등의 개혁 조치를 취할 수 있었으며, 이러한 일련의 개혁이 경제특구에서 성공을 거두면 이를 전국으로 확산 및 보급시켜나갔다.[40]

중국의 초기 법제 개혁의 목적은 사회주의 시장경제를 건설하는 데 있었다. 2011년 3월, 중국공산당과 정부는 중국특색사회주의 법체계가 완결되었다고 공식적으로 선언했다. 중국특색사회주의는 사회주의 정치체제하에서 시장경제 시스템을 운용하면서 개혁·개방과 사회주의 현대화 건설을 목표로 했다. 이와 관련한 법체계는 중국 공산당과 인민의 의지를 담은 헌법을 최상위법으로 하고, 여타 헌법 관련법, 민법, 형법, 상법 등의 법률, 행정법규, 지방규칙 등으로 구조화되어 있다.

후진타오(胡錦濤) 중국 국가주석은 중국 특색 사회주의 법체계의 완성을 공식 선언한 이후, 법에 따른 전면적인 행정 추진과 사회주의 법치정신 선양을 요구하는 의법치국(依法治國)을 강조했다. 후진타오 주석의 법치 강조는 '인치(人治)'를 중시하면서 공직 부패의 온상으로 지적되고 있는

---

39) ADB, *Technical Assistance to the Socialist Republic of Vietnam for Legal System Development up to Year 2010 and Capacity Building for Secured Transactions Registration*(2002), pp.1~4, 7~9.

40) 법무부, 『중국경제특구법제 연구』(과천: 법무부, 2005), 28쪽.

중국 정부의 밀실 행정을 사전에 차단하는 것이어서 중국인들의 '관시(關係)'문화에도 큰 변화를 몰고 왔다. 후 주석은 "법치 행정의 전면 추진과 사회주의 법치정신을 발전시키는 것은 인민들의 필연적인 요구를 받들고 과학적 발전 및 조화사회를 촉진시키는 것"이라고 말했다.[41] 이는 중국 특색 사회주의 법률 체계가 이미 기본적으로 갖춰진 상황에서 각급 정부는 엄격하게 헌법과 법률이 부여한 직책에 따라 권한과 업무를 수행함으로써 행정의 투명성을 높여야 한다는 것을 강조한 것으로, 적어도 중국이 법치주의를 존중하는 방향으로 나아가고 있음을 보여준다.

개혁·개방 초기 시장경제 시스템의 구축과 관련해서 중국은 세계은행의 기술 지원을 받았다. 세계은행은 시장경제로의 개혁을 지원하기 위해 중국의 법제도 개혁 자체를 목적으로 하는 직접적 지원 방식을 채택했다. 이는 중국의 여러 국가기관이 이른바 '사회주의 시장경제제도(social market economic system)'로 중국 사회를 성공적으로 전환시키기 위해 필요한 기본법들의 제정을 지원하는 것이었다.[42] 이때 광범위한 법제 정비가 이루어졌는데, '계약법', '재산법', '파산법', '지적재산권법', '신탁법', '시장법', '조합법', '기업법', '세법', '반독점법', '변호사법', '국채법', '대외무역법', '외환법' 등이 대표적인 것들이다.[43] 세계은행의 지원은 오늘날 중국이 안정적인 시장경제를 확립할 수 있는 토대를 마련해준 것으로 평가받고 있다. 일반적으로 중국의 시장경제법제의 발전은 〈표 1-2〉와 같이 정리할 수 있다.

---

41) ≪신화통신(新華通訊)≫, 2011.3.29, ≪연합뉴스≫(2011.3.29) 재인용.

42) Natalie G. Lichtenstein, "Lessons from the World Bank's Support for China's Legal Reforms," p.29.

43) World Bank, Implementation Completion Report, Economic Law Reform Project, People's Republic of China(2005), p.13.

〈표 1-2〉 중국 경제법제 발전 단계

기수	기간	특징
1기	1979~1984	국가계획경제 주도기
2기	1984~1989	시장사회주의 전성기
3기	1982~1992	경제 회복기
4기	1992~현재	심화기

중국의 법제 개혁은 경제 개혁에 가속도가 붙으면서 급진전되었다. 경제제도 변화를 뒷받침하기 위해 1980년대 초반부터 경제 관련 입법 활동이 시작되었지만, 시장경제 관련 법제들은 계획경제가 강했던 시기에는 형식적으로만 존재했다. 1990년대 초반(경제 회복기~심화기)에 이르러 계획 기능이 축소되면서 시장경제법제 역시 실질적인 의미를 얻기 시작했다. 1992~2003년에 242개의 법이 새로 제정되었는데, 이 가운데 109개가 시장경제 확립과 관련이 있다.[44)]

이후 세계은행은 1994~2004년에 걸쳐 약 10년간 '경제법 개혁 프로젝트'를 수행함으로써 중국의 시장경제법제 개혁을 지원했다. 중국 재정부는 1993년 세계은행 산하의 국제개발협회(International Development Association: IDA)로부터 지원금을 받아 다양한 하부 조직과 기관들을 통해 이 프로젝트를 실행했다. 당시 세계은행이 기술 지원을 한 핵심 분야는 △ 입법안 작성, △ 실무 교육, △ 제도적 발전 등이었다. 세계은행은 당시 중국은 모든 면에서 폐쇄적이고 외국 자료 접근도 쉽지 않았기 때문에 현장을 방문하여 실제로 법제도의 운용을 관찰했던 것이 도움이 되었다고 말했다. 시장경제법제 관련 실무자들의 해외 방문이나 연수는

---

44) Natalie G. Lichtenstein, "Lessons from the World Bank's Support for China's Legal Reforms," p.34.

내부의 비판에도 불구하고 매우 유효한 수단임이 입증되었다. 또한 프로젝트를 기획하고 실행할 때 중국 정부가 최종 책임을 지는 주인의식(ownership)이 중요하며, 중국 측의 법제 수요를 중심으로 지원했던 것이 중국의 경제 발전에 가장 중요한 역할을 했다고 강조했다. 또한 중국 내 관련 부처 간 합의와 조율이 법제 개혁의 성공 여부에 큰 영향을 미쳤다고 평가했다.[45]

세계은행의 중국 법제 개혁 지원의 주요 특징을 살펴보면, 우선 중국은 임시법령을 도입한 경우가 많았다. 중국의 경제 개혁은 항상 일부 지역(경제특구)이나 도시에서 시범적으로 실험해본 정책이 성공을 거둔 뒤에 이를 전국적으로 확대하는 방식으로 이루어졌다. 이는 법제 개혁에도 그대로 반영되어 관련 법규들이 임시로 제정된 경우가 많았다. 따라서 이런 법률에는 '임시적', '일시적', '시범 시행을 위한' 등의 단서가 붙었다. 회사법처럼 정치적으로 민감한 분야의 개혁도 일부 지역에서의 실험을 통해 진행되었다. 중국에서는 시장경제 도입과 관련해 정식 입법이 이뤄지기 전의 공백을 메우기 위한 임시적 법적 조치를 다수 취했다. 그리고 여러 시행착오를 겪고 난 후에 관련 법규의 법적 권리와 의무를 명확하게 정의하고 집행했다. 물론 특정 분야에 대한 통일된 법체계가 정비되지 않아 기존 체계와의 호환성이 검증되지 않았음에도 실험적인 법이 도입된 적도 많았다.

중국은 베트남과 달리 포괄적 법제 개혁을 추진하지는 않았다. 중국은 사회주의 정치체제에 대한 서구식 경제 개혁의 부정적인 영향을 우려했고, 광범위한 목록의 이행조건을 수반하는 국제금융기구의 포괄적인 구조

45) 세계은행에서 중국 법제 개혁을 지원했던 내털리 릭턴스타인(Natalie G. Lichtenstein) 존스홉킨스 대학원 교수 및 세계은행 고문과의 인터뷰(2009.11.16).

개혁 패키지, 특히 사법제도 부문에 대한 기술 지원은 정치적으로 민감하게 받아들였다.[46] 따라서 사법부의 발전이 다른 부문에 비해 상대적으로 지체되었는데, 행정부와 입법부의 간섭, 재정적 의존성, 집행의 비효율성 및 부정부패 등이 중국 사법부가 극복해야 할 과제로 지적되고 있다.[47]

법치 문화 정착과 관련해서는 경제주체들로부터 법에 대한 신뢰를 받는 것이 핵심 과제이다. 예를 들면, 시장경제법제는 기업이 자신들의 의무를 성실히 이행하도록 강제하고, 정부가 민간의 경제적 활동에 부당한 간섭을 하지 않고 개개인이 노동의 대가를 향유할 수 있도록 도와주는 역할을 다할 때 법치주의가 정착될 수 있는 것이다.

중국과 베트남의 시장경제법제 구축을 지원하기 위해 개입한 국제기구는 다른 동유럽 사회주의 체제전환국과 마찬가지로 세계은행, 국제개발협회 등 국제금융기구와 유엔기구가 집중적으로 개입했다. 중국의 법치주의와 관련 분야를 지원한 다자 및 양자 기구(국가)와 국제 NGO는 EU, UNDP, 아시아개발은행(Asia Development Bank: ADB), 오스트레일리아, 캐나다, 독일, 네덜란드, 스웨덴, 영국, 아시아재단(Asia Foundation) 등이었다. 최근까지도 경제협력개발기구(Organization Economy Cooperation Development: OECD)와 UNDP는 거버넌스 관련, 특히 부정과 부패방지를 위한 프로그램을 진행해왔다.[48]

중국과 베트남의 시장경제법제 도입과 정착을 지원한 국제기구 가운데는 동유럽 체제전환 때와 달리 아시아태평양 지역의 경제성장 및 경제

---

46) 임을출, 「법제 개혁과 국제협력 모델: 북한에의 적용과 남북 협력」, ≪북한연구학회보≫, 제12권, 제1호(2008), 189쪽.

47) Natalie G. Lichtenstein, "Lessons from the World Bank's Support for China's Legal Reforms," p.50.

48) 같은 글, p.40.

협력 촉진과 역내 개도국의 경제 개발 지원을 목적으로 설립된 아시아개발은행이 적지 않은 역할을 한 점이 특징이다. 아시아개발은행은 베트남과 중국이 시장경제체제에 적합한 법적 개혁 과정을 이행하는 데에 프로젝트 융자(program loan) 제공과 법적 기술 지원 프로젝트 지원을 수행함으로써 핵심적인 역할을 담당했다.[49]

4. 중국 및 베트남 모델의 북한에의 적용: 교훈과 시사점

1) 북한에 적용 시 고려할 점

향후 북한 시장경제법제 구축을 지원할 잠재적 국제기구는 중국 및 베트남의 시장경제법제 구축을 지원했던 국제금융기구를 중심으로 하는 국제사회 공여자일 가능성이 크다. 이들이 과거 체제전환국 법제 개혁을 지원하면서 경험했던 시행착오를 토대로 북한을 지원할 때 고려할 요소를 도출해보면 다음과 같다.

첫째, 중국과 베트남의 사례는 기존 정치체제를 고수하면서 시장경제 입법이 가능하다는 점을 잘 보여준다. 다만 각국 고유의 정치적·경제적·문화적 특성을 고려한 법제 개혁이 이루어질 때에 시행착오를 줄이고 좀 더 많은 성과를 거둘 수 있다는 점은 유의할 대목이다. 중국과 베트남처럼 북한도 그들의 특색을 반영한 사회주의 시장경제체제로의 전환이 고

---

49) 프로그램 융자의 법적 이행조건(conditionality)의 내용과 범위는 대체로 융자를 지원하고자 하는 분야에 따라 다르다[ADB, Review of ADB's Program Lending Policies(1999), p.15; ADB, Technical Assistance Operations Manual, Bank Policies(2003) 참조].

려될 필요가 있다.

둘째, 국제기구의 법제 개혁 지원 프로그램이 효과적으로 지속되기 위해서는 내부의 정치적인 지지가 중요하다. 실제로 체제전환국 내부의 정치적 상황에 따라 새로 제정된 법의 실행 및 집행 여부가 좌우되는 경우가 많았다. 따라서 시장경제법제가 정착하기 위해서는 체제전환국 정부의 개혁 의지와 정치력 등이 지속적으로 뒷받침되어야 한다. 중국과 베트남의 시장경제체제로의 이행의 성과에 대한 다양한 평가에도 불구하고, 그 핵심은 내부의 정치적 합의가 전제되어야만 개혁의 일관성 및 연속성을 보장할 수 있다는 점이다.[50] 베트남은 집권 공산당이 개혁의 핵심 역할을 수행했기 때문에 법제 개혁도 성과를 낼 수 있었다. 북한도 법제 개혁을 지원받는 과정에서 노동당이 비슷한 역할을 담당한다면 더 나은 결과를 기대할 수 있을 것이다.

셋째, 체제전환을 위해 시장경제법제의 제정과 개정은 당연히 거쳐야 할 통상적인 과정이라는 점이다. 모든 입법 과정은 국가와 사회의 필요를 계속적으로 반영해야 하고, 체제전환을 추진하는 국가의 입법자들은 시장의 수준 높은 요구에 부응해야 한다. 중국과 베트남도 경제 개혁에 가속도가 붙으면서 기존 법률을 지속적으로 수정해나갔고, 새로운 법적·정책적 쟁점이 계속 등장하면서 경제 개혁 목표를 달성하기 위해 법제체 전반에 대한 광범위한 변화가 필요했다. 북한 역시 시장경제가 도입되고 발전하면 불가피하게 법제도 부문에서 개혁의 속도를 낼 수밖에 없을 것이다. 경제 개혁 과정에서 실물경제 부문의 다양한 변화에 대응하기 위해서는 입법과 법률의 수정 및 개정 작업이 필요하기 때문이다. 이는 북한도 법제 개혁은 점진적으로 시작하되, 경제 개혁이 가속화되면 점차 광범위

50) 정영화·김계환, 『북한의 시장경제 이행』, 33쪽.

한 법제 개혁을 염두에 두어야 한다는 것을 의미한다.

세계은행 전문가들은 법제 개혁 지원 프로젝트를 성공으로 이끄는 핵심 요소로 제도적 개선, 법 기관과 행정부의 관계 개선, 법제 개혁을 실행하는 정부 관련 부서의 역량 증대 등을 꼽았다. 또한 신중하면서도 포괄적인 준비는 원활한 법제 개혁 이행에 도움이 되었다고 밝혔다. 다만 제도적 개혁은 시간이 많이 소요되기 때문에 조기에 효과를 기대해서는 안 된다는 점 등에 유의해야 한다고 밝혔다.[51] 또한 체제전환국의 시장경제법제의 도입도 의미가 있지만, 이것의 실행이 더 중요하기 때문에 국제기구들의 역할 가운데 법제 시행 단계에서 관련 기관의 내부 개혁과 담당자들에 대한 교육 및 훈련 지원의 필요성도 강조했다.[52] 이런 지적은 향후 북한의 시장경제법제 구축 과정에서도 유의해야 할 것이다.

과거 체제전환국 대부분이 경험했듯 북한에 대한 국제금융기구의 경제 개발 지원이 본격화될 경우, 북한은 이행조건을 적용하는 문제를 가장 우선적으로 고려해야 할 것이다. 경제 개발을 위해서는 법제도의 역할이 중요하다는 사실이 경험적으로 입증되면서 법적 분야의 이행조건은 더욱 중요성을 얻고 있다. 따라서 향후 북한에 어떤 이행조건을 제시하는 것이 바람직할 것인지 미리 고민해야 한다. 이행조건과 관련한 부정적인 시각도 있지만, 북한이 시장경제 도입을 결정한다면 초기 단계부터 투자 환경을 개선하는 차원에서, 또한 시장경제법제의 조기 정착을 위해서 오히려 이를 적극적으로 활용할 필요가 있을 것이다. 예를 들면, 체제전환국에 자금 지원의 이행조건들로 제시되었던 투자 촉진, 노사관계 합리화, 민간 경제활동 활성화, 공정 경쟁을 위한 법제 정비 등은 시장경제 도입과 촉진

51) 내털리 릭턴스타인 존스홉킨스 대학원 교수 및 세계은행 고문과의 인터뷰(2009. 11.16).

52) 같은 인터뷰.

을 위해 필수적으로 수용해야 하는 것들이다.

중국과 베트남의 사례는 국제금융기구 등이 수원국에 전수하려는 법과 수원국이 이미 채택하고 있는 관련 법체제의 차이를 제대로 파악하지 못할 경우 불일치, 혼란, 지연의 문제를 겪게 될 수도 있음을 보여준다. 따라서 국제사회도 북한의 기존 법제 시스템을 미리 이해하는 노력이 필요하다. 그리고 국제금융기구 등이 시장경제 촉진을 위한 새로운 법률과 제도 등을 전수하면 곧바로 시행될 수 있을 것이라는 부적절한 가정에 입각해 홍보와 대중 교육 등을 소홀히 하면 이 역시 적지 않은 혼란을 유발한다는 점도 고려할 사항이다. 일반 국민을 대상으로 새로운 법제에 대한 이해 수준을 높이거나 공감대를 확산하기 위한 홍보 교육이 반드시 이루어져야 하는 것이다. 새로 도입된 법제가 효율적으로 작동하고, 지속 가능하기 위해서는 해당 법체계에 대한 주인의식을 갖도록 법 전문가, 정책 실무자 등을 대상으로 한 양질의 교육·훈련이 제공되어야 한다.

중국 및 베트남에 대한 국제기구의 법제 개혁 지원은 법 집행 능력, 즉 사법 개혁이 진전될 때 효과를 거둘 수 있었다. 이런 맥락에서 북한도 포괄적 법제 개혁을 수용해 사법 전반의 변화를 이끌어내는 것이 가장 바람직하다고 할 것이다.

2) 법제 개혁 방향과 속도 및 범위

사실 북한이 시장경제법제를 전면적으로 도입하는 결정을 내릴 경우, 동유럽 식의 전면적·급진적 법제 정비와 베트남이나 중국의 단계적·통합적 법제 정비 중에서 어떤 것을 선택할지는 북한 최고통치자의 체제전환 의지와 수준(내부 정치적 합의 정도), 남북관계, 북한과 국제사회와의 협력 수준 등에 따라 달라질 수 있다.

중국과 베트남의 사례는 경제 발전이 법치 발전을 이끄는 관건임을 잘 보여준다. 중국과 베트남에서는 경제 발전에 필수적인 가격 및 무역의 자유화, 사유화, 민간금융제도의 도입 등과 더불어 사유재산권의 보호, 계약 자유의 보장 및 이행을 위한 제도적 장치 마련 등이 이뤄지면서 광범위한 법제 개혁이 진행되었다. 또한 건전한 법제의 확립과 사법부의 독립 없이는 시장경제제도를 효과적으로 운용할 수 없기 때문에 사법제도 개혁이 중요한 부분이 될 수밖에 없었다.[53]

베트남의 포괄적 법제 전략의 사례를 고려한다면 점진적·단계적·장기적 과정이 북한에 권장될 것이다. 국제기구들은 충분한 이행 기간을 설정하는 것이 법제 정비에 중요하다는 점을 인정하고 있다. 또 사회주의에서 자본주의로 전환하는 데 교육과 훈련의 중요성을 인식하고 있는 만큼 이에 따른 기간까지 포함한다면, 향후 북한에는 점진적 법제 정비가 적용될 가능성이 크다.

북한도 초기에는 정치적 저항을 최소화할 수 있는 경제특구법이나 외국인투자법을 중심으로 시장경제법제를 구축하는 것이 바람직해 보인다. 중국과 베트남도 법제 개혁 초기에는 정치체제의 급격한 변화를 야기해 사회주의 이데올로기와 충돌을 일으킬 수 있는 '파산법'의 도입보다는 특정 지역을 개방하는 데 따른 경제특구법이나 외국인투자법 마련에 집중했다. 이런 맥락에서 북한은 남한과 추진 중인 개성공단사업이나, 중국과 추진 중인 황금평·위화도경제특구와 나선경제무역지대 개발 사업에 적용되는 법제에 특별히 주목해야 한다. 그러나 정치적으로 안정되어갈 경우 '파산법'과 같은 현대적이고 과감한 시장경제법제를 도입해야 한다.

---

53) World Bank, Technical Annex to the Memorandum of the President of Russian Federation, Legal Reform Project(1996) 참조.

국제기구의 체제전환국에 대한 시장경제법제 구축과 관련한 법률정비 지원 사례들은 민간 부문, 특히 민간 기업 설립과 육성이 우선적 과제임을 시사한다. 많은 체제전환국의 경우 국제기구는 새로 형성된(혹은 새로이 민영화된) 기업들 간의 경쟁을 촉진시키기 위해 필요한 기초적인 법적·규제적 기반을 조성하기 위한 지원을 제공했다. 이것이 합리적인 민간 부문의 성장을 위한 핵심이라고 여겼기 때문이다. 이러한 지원에는 민간의 개인과 기업들이 경쟁력을 제고할 수 있도록 필수적인 사업기술을 제공하는 기업 수준의 지원과 외부적인 제약을 제거하고 새로 만들어진 민간 기업들이 활동할 수 있는 공평하고 공정한 비즈니스 환경을 만듦으로써 경쟁을 촉진하는 정책적·법적·규제적인 환경 개선 차원의 지원이 있다.

민간 부문 개발의 초기 단계에서는 성공적인 민영화가 중요하다. 민간 부문의 성장은 국내 및 해외의 경제주체가 새로운 기업을 설립하는 것을 용이하게 하는 사업 환경 — 특히 법률 및 규제와 관련된 환경 — 을 조성할 수 있는가에 달려 있다. 이러한 이유 때문에 민영화와 관련된 법률적 토대 이외에도 재산권, 계약, 은행 및 상업 거래에 관한 서구 지향적인 법과 규제의 도입은 국내외 투자자들의 신뢰를 얻기 위해서도 꼭 필요한 것으로 여겨진다. 이와 관련된 법률은 헌법, 민법, 상법, 계약법, 상업적 분쟁 해결에 관한 법 등이다. 그리고 비즈니스 환경을 조성하는 법률들로는 회사법, 증권회사에 관한 법, 기업지배구조와 사업 허가 및 등록에 관한 법, 특허법, 계약법, 조달법, 파산 및 담보 등 재산권, 부동산 및 동산에 관한 재산권 등이 있다. 관련 제도로는 재산 및 비즈니스 등록제도, 상업적 분쟁 해결 제도, 경제정책 연구 및 개혁 센터 등의 마련 등이 고려될 수 있다.

국제금융기구들과 주요 공여자들의 경험에 비춰보면, 북한에 대한 이들의 시장경제법제 구축을 위한 개입 방식과 범위 그리고 단계 등은 대체로 다음과 같이 진행될 것으로 보인다.

첫째, 북한 내 법제 분야 전문가와 정책 담당자 등을 대상으로 하는 각종 워크숍과 세미나, 또는 연수 프로그램을 통해 기본적인 '외국인투자법', '기업법' 등을 시작으로 '민법', '상법', '해상법', '반독점법', '주식거래법' 등에 대한 일반적인 정보를 제공할 것이다.

둘째, 입법 초안 작성 부문이다. 북한이 시장경제로 전환하기 시작할 경우 많은 새로운 입법을 필요로 할 것이다. 이때 입법 절차를 개선하고, 나아가 중요 경제 관련법 분야인 '기업법', '부동산법', '세법', '파산법' 등의 입안을 직접 지원할 것이다.

셋째, 법률 관련 정보의 확산과 홍보 부문이다. 새로운 법의 내용을 관련 공무원이나 법전문가는 물론 일반 국민에게도 널리 알리는 것이 중요하다. 시장경제법제가 도입되면 북한 주민도 자신의 권리를 스스로 행사하고 보호할 필요성을 느끼기 시작할 것이다.

넷째, 법 교육과 공공교육 캠페인 부문이다. 이는 법학 전공자를 늘리고 전문가를 양성하는 과정과 밀접한 연관이 있다. 북한에서 시장경제법제 도입이 효과를 내기 위해서는 주요 대학에 법과대학을 세우고 교육과정을 새롭게 만들어야 할 것이다.

다섯째, 사법 개혁과 분쟁 해결 부문이다. 사법 관리들에 대한 훈련, 사례 연구 및 분쟁 해결 방안 교육, 사법 행정 교육, 중재인 교육 등이 주요 내용이 될 것이다.

3) 국제기구와의 관계 형성

북한의 시장경제법제 구축과 관련한 국제기구와의 협력 모델도 북한의 체제전환 의지와 수준, 내부 정치적 합의 정도, 남북관계, 북한과 국제사회와의 협력 수준 등에 따라 달라질 수 있다.

베트남의 경우 정치적으로 중립적인 성향을 가진 UNDP와의 긴밀한 협력을 통해 시장경제법제를 구축해왔다. 현재 북한이 UNDP와의 긴밀한 협력관계를 오래 지속하고 있다는 점을 고려하면, 북한에 법제 개혁을 적용할 때 적어도 초기 단계에서는 UNDP에 주도권을 주는 추진체계를 고려해볼 만하다. 예를 들면 UNDP가 법률 부문 파트너그룹의 책임자 역할을 맡고, 국제금융기구, 국제NGO 등이 파트너로 참여하는 방식이다. 미국의 국제개발처 등 양자적 거버넌스(bilateral donors)의 경우 UNDP나 국제금융기구가 제공하는 프로그램을 보완하는 역할을 맡을 수 있을 것이다.

시장경제법제 개혁 지원은 정치적으로 민감한 주제이기 때문에, 세계은행은 중국 지원 초기에 민간단체인 포드재단(Ford Foundation)과 협력해 중국과 비공식 논의를 시작했다. 중국은 초기에 다양한 국제기구들의 개입에 대해 직접적인 조율을 하지 않았다. 다만 중국 정부의 각 부처가 각각 국제기구와 파트너십을 맺고 있었다. 예를 들면, 중국 재정부는 세계은행, 외교부는 UNDP, 다른 부처는 국제 NGO와 협력하는 형식을 띠었다. 사실 중국의 각 부처마다 법률 개혁의 중요성에 대한 인식 차이가 있었고, 일부 부처는 법치주의의 중요성에 대한 자각이 부족했기 때문에 다른 지원이 더 중요하다고 생각했던 것이다.[54)]

이에 반해 베트남은 정부가 적극적으로 국제기구와의 조율에 나섰다. 베트남은 각 지원기구가 어떤 목적과 전문성을 갖고 개입하려 하는지 파악하는 것이 중요하다고 판단했다. UNDP는 중요한 법안 수립을 적극적으로 지원했는데, 특히 베트남 정부와 국제기구 사이의 법제 개발 협력 프

54) Natalie G. Lichtenstein와의 인터뷰.

로그램을 조율하는 데 적지 않은 기여를 했다.

결국 북한이 시장경제법제를 본격적으로 도입할 초기 단계에서는 UNDP와 협력하고, 점차 국제사회의 관계 및 경제 발전 수준 등을 고려해 국제금융기구와의 협력관계를 형성하여, 좀 더 포괄적인 법제 개혁 지원을 받는 것이 합리적인 수순으로 보인다.

5. 결론

지금까지 사회주의 체제전환국가들의 시장경제법제 구축을 지원했던 국제기구(국제금융기구와 UNDP)를 중심으로 중국 및 베트남의 시장경제법제 도입 및 실행 경험을 검토하고, 이를 토대로 북한이 향후 시장경제법제를 본격적으로 도입할 경우 고려할 만한 요소들, 법제 개혁 방향, 속도 및 범위, 국제기구와의 관계 형성 방안 등을 예측하고 제시해보았다. 중국과 베트남에 대한 세계은행 등 국제기구의 법제 개혁 지원 경험은 경제 발전과 법의 지배(법치) 원칙 간의 관계를 압축적으로 보여주면서, 중국과 베트남의 경험을 어떻게 북한에 적용해야 하는지에 대해 주요한 시사점과 교훈을 제공한다. 여기서 유의할 대목은 북한의 시장경제법제 구축과 관련한 국제기구와의 협력 모델은 북한의 체제전환 의지와 수준, 내부 정치적 합의 정도, 남북관계, 북한과 국제사회와의 협력 수준 등에 따라 달라질 것이라는 점이다.

북한에서 본격적인 시장경제제도로의 전환이 시작되면 원활한 작동을 뒷받침하기 위해 포괄적인 법제 개혁이 반드시 필요할 것이다. 물론 북한 체제의 특수성을 고려하면 단기적으로 포괄적인 법제 개혁을 추진하기는 어려울 것으로 예상되지만 중장기적으로 베트남이 경험했던 방식을 따라

갈 수밖에 없을 것으로 전망된다. 따라서 단기적으로는 중국과 마찬가지로 정치적으로 민감한 '파산법'과 사법제도 등의 도입은 어려울 것으로 예상되며, 다만 경제 발전에 따라 시장경제제도가 발전되면 중장기적으로는 사회주의 법치국가 완성을 위한 포괄적인 법제 구축이 이뤄질 것으로 내다볼 수 있다.

중국과 베트남의 시장경제법제 구축과 국제기구와의 관계 사이에는 약간의 차이가 있지만, 국제금융기구 및 주요 공여자의 경험에 비춰보면, 이들의 북한에 대한 시장경제법제 구축을 위한 지원 방식 및 범위 그리고 단계 등은 대체로 비슷한 경향을 보일 것이다.

북한의 경우, 초기 단계에서는 주로 법제도적 역량 구축을 위한 기술지원을 하는 방식으로 국제금융기구 등이 개입할 것이다. 중국이 시도했던 것처럼 개성공단과 같은 경제특구에서 과감한 시장경제법제를 도입하고 실험함으로써, 그 성과를 토대로 특구 외 지역으로 확대 적용하는 방식도 바람직해 보인다. 이런 맥락에서 최근 북한과 중국이 공동으로 개발하고 관리하는 방식으로 추진 중인 황금평·위화도 및 나선경제무역지대 특구에 도입되는 시장경제법제와 실제 운용 과정은 중요한 연구과제가 될 것이다. 현재 북한은 국제금융기구나 선진 공여국이 아닌 체제전환을 한 중국으로부터 주요한 시장경제법제와 관련한 지원을 받고 있다는 점에서 기존의 법제 개혁 지원 사례와 다르기는 하지만, 북한에 미치는 파급효과는 비슷할 것으로 예상된다.

베트남의 경우 정치적으로 중립적 성향을 가진 UNDP와의 긴밀한 협력을 통해 시장경제법제의 기반을 만들어왔다. 북한과 UNDP의 오랜 협력과 신뢰 관계를 고려하면, 북한 역시 UNDP라는 국제기구에 주도권을 주는 추진체계를 생각해볼 만하다. 하지만 현실적으로 북한은 남북관계가 상당 수준으로 개선된 환경이 마련되었을 때, 체제전환 결단을 내리고 법제 도입에 착수할 가능성이 높기 때문에 남북한 법제 통합 과제가 급부상하면서 남한이 주도적 역할을 하고 국제기구가 보완적 역할을 할 개연성이 높다. 이러한 전망을 가정한다면, 기존에 국제기구가 체제전환국에 개입하며 보여주었던 사례를 기계적으로 북한에 적용하는 것은 재고할 필요가 있다. 시장경제법제 구축과 관련한 근본적이고 공통적인 원칙은 수용하되, 남북한 경제사회 통합을 고려한 새로운 접근이 필요해 보인다. 남북 통합과 북한의 체제전환 과정에서 직면할 다양한 경제적·사회적 문제점과 부작용을 최소화할 수 있는 시장경제법제 구축이 모색되어야 할 것이다.

참고문헌

〈국문〉

김성철. 2000.『베트남 대외경제개방 연구: 북한에 주는 함의』. 서울: 통일연구원.

도빈스, 제임스(James Dobbins), 세스 G. 존스(Seth G. Jones), 키스 크레인(Keith Crane), 베스 콜 디그래스(Beth Cole DeGrasse). 2011.『미국 랜드연구소의 국가 건설 어떻게 할 것인가』. 임을출·손희경 옮김. 서울: 도서출판 한울.

임을출 외. 2008.「법제 개혁과 국제협력모델: 북한 적용과 남북협력」. ≪북한연구학회보≫, 제12권, 제1호.

윤대규. 2006.『법제도 개혁을 위한 국제금융기구의 지원에 관한 연구』. 서울: 한국법제연구원.

정순원. 2008.「북한의 경제체제전환과 법제 정비 방안」. 제124회 북한법연구 월례발표회(2008.1.31).

정영화·김계환. 2007.『북한의 시장경제이행』. 서울: 집문당.

법무부. 2005.『베트남 개혁·개방법제 개관』. 과천: 법무부 법무실 특수법령과.

_____. 2005.『중국 경제특구법제 연구』. 과천: 법무부.

프리드리히 나우만재단(FNF)·경남대 극동문제연구소(IFES). 2008.『베트남의 경험과 북한의 경제현대화: 교훈과 과제』. FNF-IFES International Workshop, (2008.6)

≪연합뉴스≫, 2011년 3월 29일 자.

〈영문〉

Asia Development Bank(ADB). 1999. Report and Recommendation of the President to the Board of Directors on Proposal Loans and Technical Assistance Grants to the Socialist Republic of Vietnam for the State-owned Enterprise Reform and Corporate Governance Program.

_____. 1999. Review of ADB's Program Lending Policies.

_____. 2002. Technical Assistance to the Socialist Republic of Vietnam for Legal System Development up to Year 2010 and Capacity Building for Secured Transactions Registration.

_____. 2003. Technical Assistance Completion Report, Technical Assistance for Retraining Government Legal Officers-TA 2853-VIE.

_____. 2003. Technical Assistance Operations Manual, Bank Policies.

_____. 2004. Technical Assistance Completion Report for TA for Corporatization and Corporate Governance(TA 3353-VIE) included as Appendix 3 in Program Completion Report on the State-Owned Enterprise Reform and Corporate Governance Program to the Socialist Republic of Vietnam.

Brzezinski, Carolyn. 1994. "Competition and Antitrust Law in Central Europe: Poland, The Czech Republic, Slovakia, and Hungary." *Michigan Journal of International Law*, Vol.15, Issue.4.

Cao xuân Phong. 2009. "Vietnam Legal System Development Strategy and Experience on International Cooperation." International Institutions' Legal Assistance and Plan for Unification of Legal Systems of South and North Korea, Law Research Institute, Seoul National University International Conference(November 16, 2009).

Fischer, Stanley and Alan Gelb. 1991. "Issues in Socialist Economy Reform." *Journal of Economic Perspectives*, Vol.5.

Johnson, Simon, Daniel Kaufmann, and Andrei Shleifer. 1997. "The Unofficial Economy in Transition." *Booking Papers on Economic Activity* 2.

Gray, Cheryl W. and Kathryn Hendley. 1999. "Developing Commercial Law in Transition Economies: Examples from Hungary and Russia." *Policy Research Working Paper 1528*. World Bank.

Gupta, Poonam, Rachel Kleinfeld, and Gonzalo Salinas. 2002. "Legal and Judicial Reform in Europe and Central Asia." *The World Bank Operations Evaluation Department, 27811*.

Judicial Publishing House. 2005. Assessment of the Current Status of International Legal Cooperation Activities in Vietnam with respect to Management and Coordination.

Lichtenstein, Natalie G. 2009. "Lessons from the World Bank's Support for China's Legal Reforms." International Institutions' Legal Assistance and Plan for Unification of Legal Systems of South and North Korea, Law Research Institute, Seoul National University International Conference(November 16, 2009).

Owen, John. 2002. "The Foreign Imposition of Domestic Institutions." *International*

Organizations, Vol.56, No.2.

Santiso, Carlos. 2011. "Good Governance and Aid Effectiveness: the World Bank and Conditionality." *The George town Public Policy Review*, Vol.7, No.1.

Shihata, Ibrahim F. I. 1997. *Contemporary Reform: Essays on Legal, Judicial and Other Institutional Reforms Supported by the World Bank*. The Hague: Kluwer Law International.

World Bank Operations Evaluation Department(OED). 2001. *OED IDA Review: Governance-The Critical Factor*. IDA 10-12.

World Bank. 1996. Technical Annex to the Memorandum of the President of Russian Federation, Legal Reform Project.

_____. 1996. Technical Annex to the Memorandum of the President of Russian Federation, Legal Reform Project.

_____. 2000. *The Quality of Growth*. Oxford University Press.

_____. 2001. Adjustment Lending Retrospective: Final Report, Operations Policy and Country Services.

_____. 2001. Second Programmatic Structural Adjustment Loan for Latvia.

_____. 2001. Development Report 2002: Building Institution for Markets.

_____. 2003. Program Document, Programmatic Adjustment Loan, Bulgaria.

_____. 2004. Structural Adjustment Credit to Albania, Project Performance Assessment Report.

_____. 2004. Supporting Development Programs Effectively: Applying the Comprehensive Development Framework Principles(A Staff Guide).

_____. 2005. Development Policy Loan to Ukraine, Program Document.

_____. 2005. Implementation Completion Report, Economic Law Reform Project, People's Republic of China.

_____. 2005. Vietnam Partnership Report.

제2장

사회주의 국가에 대한 다자·양자 간 경제제재 레짐

글로벌 거버넌스를 중심으로

양문수

1. 서론

특정 국가에 대한 경제제재는 전쟁 없이 경제적 수단을 통해 정치적·외교적 목적을 달성하는 것을 목표로 한다. 아울러 국제사회의 규범(rule)을 위반하는 국가에 대해 국제사회 규범의 유지와 회복이라는 측면에서 이른바 경찰권·사법권을 행사하는 역할도 수행한다.

그런데 특정 국가에 대한 경제제재의 실시는 해당국의 대외경제활동, 즉 무역, 투자, 원조, 금융 거래 등에 대한 커다란 제약 요인으로 작용한다. 나아가 이는 해당국의 대외개방 확대, 본격적인 개혁·개방의 실시에 큰 걸림돌로 작용한다.

반면 특정 국가에 대한 경제제재의 완화와 해제는 이러한 걸림돌의 제거를 의미한다. 즉, 경제제재의 완화와 해제는 해당국의 대외경제 관계의 정상화와 동시에 추진되면서 대외개방 확대, 나아가 체제전환의 중요한 필요조건을 형성한다.

이 연구는 다자 및 양자 간 경제제재 레짐이 체제전환 이전 및 착수 이후의 사회주의 국가에 어떻게 개입했는지 그 실태를 정리하고 이를 평가하는 것을 목적으로 한다.[1] 특히 체제전환 이전의 경제활동에 어떠한 영향을 미쳤고 체제전환 과정에서 어떠한 역할을 수행했는지 살펴보고, 북한에 대한 시사점을 도출하는 데 초점을 맞추고자 한다.

2. 사회주의 국가에 대한 다자 경제제재 레짐의 개입

이 절에서는 사회주의 국가 전반에 대한 다자간 경제제재 레짐 개입을 살펴보기로 한다. 다자간 경제제재 레짐 중에서도 다자간 수출통제체제에 초점을 맞춘다.[2] 다자간 수출통제체제를 중심으로 다자간 경제제재 레짐의 사회주의 국가 개입 실태를 개괄적으로 살펴보고, 이것이 체제전환 이전 및 이후의 사회주의 국가의 경제활동에 어떤 영향을 미쳤는지 살펴본다.

---

1) 이 글에서는 북한에 대해 직접적으로 영향을 주는 국제사회의 다자 및 양자 간 경제제재 레짐은 다루지 않는다. 이는 추후의 연구과제로 한다.

2) 유엔 결의에 의한 경제제재는 이 글의 논의의 대상에서 제외한다. 유엔은 국제평화와 안전에 위협이 되는 집단 및 국가에 대해 군사적 및 비군사적 조치를 취할 수 있다. 유엔은 실제로 1966년 남로데시아(South Rhodesia) 사건으로 남로데시아에 대해 처음으로 경제제재 조치를 취한 이후 주로 테러국 및 분쟁국에 대해 여러 차례 경제제재 조치를 취했으나 사회주의 국가 전반에 대해 경제제재 조치를 취한 사례는 별로 없다. 몇 차례 유엔 결의를 통해 북한에 대해 경제제재 조치를 취하기는 했으나 이는 북한이 미사일 발사와 핵실험을 감행한 데 따른 것이다.

1) 다자간 수출통제체제의 실태

(1) 대공산권 수출통제위원회(COCOM)

체제전환 이전의 사회주의 국가에 대한 경제제재 레짐으로는 코콤(Coordinating Committee for Multilateral Export Controls: COCOM)이 대표적이다. 이는 1949년부터 미국 주도로 구소련, 중국, 동유럽 등 사회주의 국가에 대해 실시한 경제제재 조치로써 통상 대공산권 수출통제위원회로 알려져 있다. 이는 크게 △ 무기 및 무기 생산에 필요한 물자, 기술의 수출통제, △ 소련과 중국의 군사력 증강에 기여하는 경제적 기반의 확대를 초래하는 물자, 기술에 대한 수출 통제로 이루어진다. 코콤은 사회주의권이 붕괴하기 시작한 1989년 이후 실효성이 다소 저하되면서 1994년에 막을 내리고 바세나르 협정(Wassenaar Arrangement: WA)으로 대체되었다.

코콤에는 1949년 설립 당시 미국을 비롯해 영국, 프랑스를 포함하는 북대서양조약기구(North Atlantic Treaty Organization: NATO)의 여섯 개 회원국 등 7개국이 참여했다. 이후 회원국이 늘어나면서 1994년 해체될 때까지 NATO 16개 회원국 중 아이슬란드를 제외한 15개국과 오스트레일리아, 일본이 참여해 총 17개 회원국으로 운영되었다. 또한 오스트리아, 핀란드 등 6개국이 코콤의 규정을 준수하는 협력국으로 참여했다.

코콤의 대상 품목은 다음과 같다. ① 순수하게 군사 분야에 사용되는 물품인 국제 군수 물자 리스트(International Munitions List: IML), ② 대상국에 대해 수출이 금지된 원자력 관련 물자 리스트(International Atomic Energy List: IAEL), ③ 민수용과 군수용으로 모두 사용 가능한, 즉 이중 용도(dual-use)로 사용 가능한 국제 산업용 물자 리스트(International Industrial List: IIL) 등이다. 이 가운데 국제 산업용 물자 리스트는 모두 116개 항목(category)에 약 10만 개의 물자(item)를 대상으로 했으며, 이들에 대해 △

이전 금지, △ 이전되는 양의 통제, △ 이전은 가능하지만 감시 필요 등 세 가지로 구분하여 통제를 실시했던 것으로 파악된다.

코콤은 사회주의 국가들이 장래에 서방세계에 군사적으로 위협적인 존재가 되는 것을 막기 위한 이른바 예방적 경제제재 조치로 볼 수 있다. 아울러 '냉전'이라는 '정치외교적인 전쟁'을 수행하는 서방세계 입장에서 이 전쟁을 자신들에게 유리한 쪽으로 전개하기 위한 보강적 경제봉쇄 조치로도 파악할 수 있다. 즉, 코콤은 자신보다 반 년 전에 탄생한 NATO가 수행하는 정치군사적 방패 역할을 보강해주는 경제적 방패로서의 역할을 수행했다고 볼 수 있다.[3]

(2) 바세나르협정[4]

1989년부터 시작된 사회주의권의 붕괴, 특히 1991년 말 소비에트연방의 해체로 냉전은 종식되었다. 대신 중동 등 지역 차원의 분쟁이 국제적 안보의 위협 요소로 대두되었고, 대공산권 수출통제체제를 변화시켜야 할 필요성이 증대되었다. 이에 따라 1993년 11월 코콤 회원국들은 1994년 3월 말을 기해 코콤의 효력을 정지하는 한편, 회원국을 확대한 새로운 체제로 전환하기로 합의했다. 몇 차례 논의를 거친 뒤에 28개 회원국은 1995년 12월 네덜란드의 바세나르에서 새로운 체제의 최초 요건(Initial Elements)에 합의하고 각국 정부의 승인을 요청한다는 내용의 선언문을 발표했다. 이를 바탕으로 1996년 7월 비엔나에서 개최된 전체회의에서 33개 회원국이 최초 요건을 채택함으로써 바세나르협정 체제를 공식 출범시켰다.

3) 宮川眞喜雄, 『經濟制裁』(東京: 中央公論社, 1992), pp.70~73 참조.

4) 바세나르체제라고도 불린다.

바세나르협정의 목적은 재래식 무기와 이중 용도 물품 및 관련 기술의 이전에 대한 투명성과 책임감을 제고하고, 이들 무기와 물자를 과도하게 비축하는 것을 방지함으로써 지역적·세계적 안전과 안정을 도모하는 것이다. 바세나르 협정의 이행은 수출 통제에 대한 회원국의 자발적인 정보교환에 의존한다. 회원국들은 수출 허가 거부 실적을 통보하고 공유하도록 했다. 바세나르 협정은 국제조약이 아니며, 이행을 집행하는 감독기구도 존재하지 않는다.

회원국들은 바세나르협정을 이행하기 위해 자체적인 수출 통제 규정을 국내법으로 만들어 시행한다. 바세나르 협정에는 국가 재량의 원칙이 적용된다. 즉, 특정 물품에 대한 수출 여부를 전적으로 회원국이 결정하는 것이다. 특히 코콤과는 달리 한 회원국이 특정국에 대한 특정 물품의 수출을 거부할 경우, 다른 회원국도 이에 따라야 하는 수출 거부 존중 규정(No-undercut Rule)[5]은 적용되지 않는다.

바세나르협정은 통제 대상국을 공산권 국가로 한정했던 코콤과는 달리 공식적인 통제 대상국 리스트가 존재하지 않는다. 하지만 바세나르 협정에도 사실상의 대상국 리스트는 존재한다고 보아야 한다.[6]

앞에서 언급했듯이 코콤의 17개 회원국은 주로 서방 선진국으로 구성

---

5) 수출 거부 존중 규정(No-undercut Rule)은 다른 회원국에 의해 수출이 거부된 품목과 본질적으로 동일한 품목의 수출에 대해서는 해당 수출 거부가 만료 또는 철회되지 않는 한 최초 수출을 거부한 회원국과의 협의 없이는 수출을 허가하지 않는 방침을 말한다. 동일행동의 원칙이라고도 불린다.

6) 1992년 7월, G-7 국가들은 이란, 이라크, 리비아, 북한 등 4개국에 대해 재래식 무기의 생산에 사용될 수 있는 이중 용도 물품의 수출을 통제하기로 합의했다. 이어 미국은 바세나르협정 체제에 합의한 1995년 12월 19일 발표한 성명에서 상기의 4개국을 심각한 우려의 대상으로 간주하면서, 이들에 대한 수출 통제가 바세나르 협정 체제의 주요 부분이라고 밝힌 바 있다[전성훈, 「COCOM, 바세나르 체제 그리고 한국의 안보」, ≪한반도 군비통제≫, 제27집(2000), 144쪽 참조].

되어 있었다. 이와 달리 바세나르협정의 회원국은 2010년 6월 현재 40개국으로 서방 선진국 이외에도 체코, 폴란드, 루마니아, 러시아, 우크라이나 등 구공산권 국가도 다수 포함되어 있다.

바세나르 협정은 재래식 무기와 이의 제조·개발에 사용될 수 있는 이중 용도 물자 및 기술을 통제 대상으로 한다. 군수물자 리스트(Munitions List)에는 22종의 물자가, 이중 용도 물자 리스트(List of Dual-Use Goods and Technologies)에는 신소재, 소재 가공, 기계, 전자, 컴퓨터, 정보통신, 항공, 해양 등 총 아홉 개의 카테고리에 약 760개의 물자가 통제되고 있다.[7)]

(3) 원자력 공급국 그룹

1974년 인도의 핵실험에 충격을 받은 국제사회는 핵확산금지조약(Nuclear Non-Proliferation Treaty: NPT)을 통한 핵 비확산의 한계를 인식하고, NPT 미가입국에 대한 원자력 수출 통제를 강화할 목적으로 원자력 공급국 그룹(Nuclear Suppliers Group: NSG)을 1978년 1월 출범시켰다.

NSG 통제 리스트는 1978년에 국제원자력기구(International Atomic Energy Agency: IAEA) 공식문서 INFCIRC/254로 채택되었으며, 통제 지침은 1992년 이후 두 개의 파트로 나뉘어 재구성되었다. 파트1에서는 원자력 전용 물자인 핵 물질, 원자로 및 장비, 핵연료 제조 시설, 농축 재처리 시설 등을 통제한다. 파트2에서는 원자력 관련 이중 용도 물자인 산업용 장비, 소재, 우라늄 동위원소 분리 장비, 핵실험 기자재 등을 통제한다.

NSG 통제 물자 중 일부는 바세나르협정 통제 물자와 중복되기도 하는데, NSG는 핵 관련 물자를 통제하는 체제이기 때문에 재래식 무기를 통

7) 서현희, 「남북경협에서의 전략물자 수출통제 실태에 관한 연구」(북한대학원대학교 석사학위논문, 2010), 14~15쪽 참조.

제하는 바세나르 협정보다 통제가 더욱 엄격하다. 따라서 바세나르 협정에서 통제하는 물자와 동일한 물자라 하더라도 통제 사양이 더욱 까다롭고 통제 범위도 훨씬 넓다.

(4) 오스트레일리아 그룹

오스트레일리아 그룹(Australia Group: AG)은 생화학 무기의 개발·생산에 사용될 수 있는 물질, 장비, 기술의 이전을 통제하기 위해 설립되었다. 1984년 유엔 특별사찰단이 이란-이라크 전에서 이라크가 화학무기를 사용했으며, 더욱이 이들 무기의 원료 및 기술이 서방세계에서 유입되었다는 사실을 밝혀내면서 화학무기 생산에 필요한 물질과 기술의 수출 통제 필요성이 제기되었다. 이에 따라 1985년 6월, 15개국이 참여하는 비공식 회의가 개최되었다.

오스트레일리아 그룹은 초기에는 화학무기용 물질, 장비, 기술의 수출 통제에 초점을 맞추었다. 하지만 이중 용도 물질이 생물무기로도 전용될 수 있다는 우려가 점차 커지면서 1990년에는 생물무기 관련 물질 및 기술까지 통제하는 체제로 발전했다.

(5) 미사일기술 통제체제

미사일기술 통제체제(Missile Technology Control Regime: MTCR)는 탄두 중량 500kg 이상, 사거리 300km 이상의 탄도 미사일 및 순항 미사일의 국제적 확산을 방지하기 위해 1987년 미국 주도로 G-7 국가 간에 설립된 수출통제체제이다.

1987년 설립 당시에는 핵무기를 운반할 수 있는 미사일만이 통제 대상이었다. 그런데 1990년 이라크의 스커드 미사일(Scud Missile)이 화학무기까지 운반할 수 있다는 우려가 제기되면서 1993년 이후 생화학 무기 등 모든 대량살상무기(Weapons of Mass Destruction: WMD) 운반용 미사일까지 범위가 확대되었다. 또한 2002년 폴란드 바르샤바 총회 이후 무인항공기도 새롭게 통제 대상에 포함되었다.

2) 다자간 수출통제체제에 대한 평가

다자간 수출통제체제는 소기의 목적을 달성했는가. 이러한 형태의 경제제재는 실효성이 있었는가.

포괄적으로 보면, 이중 용도 물자에 대한 수출통제체제는 물자, 장비, 기술의 수출을 저해하거나 지연·차단함으로써 국제 무역 및 투자의 위축을 초래할 수 있다. 특히 수출 통제 대상국으로 지목된 국가들에 대해 해당 물자 및 기술의 수입을 크게 제약함으로써 대상 국가들의 경제 발전을 저해할 수 있다. 과거 코콤이 구소련과 동유럽을 비롯해 사회주의 국가에 적지 않은 타격을 주었음은 충분히 짐작할 수 있다. 물론 동유럽 국가들은 공산권 경제 상호원조회의(Communist Economic Conference: COMECON)라는 사회주의 블록을 형성하여 이에 대응했지만 한계가 있었음은 부정하기 어렵다.

이러한 경제제재로 인해 동유럽 국가들이 껴안고 있었던 고통과 고민은 1980년대 후반 적극적인 정치·경제 개혁과 대외개방에서 집약적으로 표출되었다. 동유럽 국가들은 낙후된 경제의 회복을 위해 서방 선진국에 지원과 협력을 요청했고, 이는 신흥시장에 대한 진출 욕구가 있었던 서방 선진국 기업들의 이해와 맞아떨어졌다. 이에 따라 동유럽 국가들뿐만 아니라 서유럽 코콤 회원국들도 코콤의 수출규제 완화를 촉구했다. 1989년 10월 코콤 회의에서 독일과 이탈리아는 동유럽 국가의 경제 개발을 지원하기 위해 코콤의 수출 규제 완화를 요구했다. 코콤 회원국들은 1990년 말까지 코콤이 규제하는 116개 항목 중 30개를 통제 대상에서 제외하기로 합의했고, 1991년에는 가장 중요한 기술과 물자만으로 구성된 핵심 리스트(core list)를 작성해 규제 범위를 더욱 축소했다.

반면 다자간 수출통제체제의 실효성을 제약하는 요인도 분명 존재한다. 무엇보다도 수출통제체제 규정의 이행을 각국의 재량에 맡김으로써 효율적 시행에 어려움이 있을 수 있다. 다자간 수출통제체제는 구속력 있는 집행기구 없이 가입국 간의 정보 공유 및 협력에 의해 통제가 이루어지는데, 이 체제는 신사협정(Gentleman's Agreement)의 성격을 지니기 때문에 회원국에게 이행을 강제할 수 없다는 약점이 있다.

하지만 신사협정도 일정 수준의 구속력이 있다는 반론도 만만치 않다. 게다가 다자간 수출통제체제는 캐치 올(Catch-all) 제도[8] 및 수출 거부 존중 규정(No-undercut Rule)을 통하여 대량살상무기 관련 물품 및 기술의 이전을 회원국들이 공동으로 제한할 수 있다는 점에서 그 효용성이 존재한다.[9] 또한 국제사회의 다자간 경제제재 레짐, 나아가 경제제재 관련 글로벌 거버넌스에서 미국이 차지하는 위상이 매우 크기 때문에 미국의 의지에 따라 다자간 제재의 실효성이 달라질 수 있다. 구 사회주의권이 붕괴하기 전의 냉전 시대에는 특히 그러했다.

다자간 수출 통제 조치는 사회주의 국가들에 타격을 주었지만 타격의 정도가 동일한 것은 아니었다. 경제제재가 상대국에 미치는 영향을 좌우

---

8) 다자간 수출통제체제에서 규정하고 있는 통제 리스트(Control List)상의 통제 품목 여부와 상관없이 대량살상무기 및 이의 운반 수단인 미사일 개발에 전용될 수 있는 모든 품목(all)을 통제(catch)하는 제도다. 기존 수출통제제도가 이미 고시된 품목에 대한 규제라면, 캐치 올은 WMD를 제조하려는 사람에 대한 거의 모든 품목의 수출을 통제한다.

9) 최승환, 「국제제재와 미국수출규제법규의 역외 적용」, 한국무역협회 전략물자무역정보센터, 『수출통제: 이론과 실무』(서울: 박영사, 2006), 181쪽 참조.

하는 주요 변수는 다음의 몇 가지로 요약된다.[10] 첫째, 무역의존도이다. 즉, 대상국이 무역의존도가 높을수록 제재의 효과가 크다. 둘째, 대상국의 경제 규모이다. 대상국의 경제 규모가 작을수록 제재의 효과는 커진다. 셋째, 대상국의 무역상대국의 수와 범위이다. 대상국의 무역 상대가 특정의 소수 국가에 한정되어 있고, 그 소수 국가가 제재를 실시하면 대상국이 받는 타격은 매우 크다. 넷째, 무역 대체의 용이성 정도이다. 제재하는 국가를 대신할 공급처를 국내나 해외에서 쉽게 찾을 수 없으면 제재의 효과는 증대된다.

한편 다자간 수출통제체제는 선진국의 안보와 경제 발전에 필요한 기술과 장비가 개발도상국의 손에 들어가면 위험하다는 이중 잣대에 기초하여 운영된다는 차별성에 기초한다는 점에서 비판받아왔다. 이로 인해 수출통제체제는 선진국의 기존 정치적·경제적 지위를 고착시키는 경향이 있는 것으로 비판되었다.

3. 사회주의 국가에 대한 양자 경제제재 레짐의 개입

1) 중국의 사례

1950년 12월, 미국은 중국인민해방군(중공군)의 한국전쟁 참여에 대응해 중국에 대한 포괄적 경제제재 조치를 취했다. 이는 '적성국교역법(The Trading with the Enemy Act)'에 따라 미국과 교전 중인 북한 및 중국과 이들을 지원하는 대부분의 사회주의 국가를 대상으로 취해진 것이다. 이 제

10) 宮川眞喜雄,『經濟制裁』, pp.84~86 참조.

재 조치는 △ 대중국 수출 금지, △ 모든 중국 상품의 수입 금지, △ 외화 관련 제한(currency restriction) 등을 골자로 한다.

이후 케네디 정권(1961~1963)의 출범 및 중국의 대약진 운동이 실패로 끝나는 시점에 미국 내 대중국 여론은 비교적 빠르게 변화되기 시작했다. 그간의 대중국 봉쇄 정책은 한계가 있었으며, 관계 정상화를 통해 중국을 국제사회에 편입시켜야 한다는 주장이 나타나기 시작했던 것이다. 여기에 중소(中蘇) 갈등이 지속되면서 중국도 수출 및 수입시장의 다각화가 필요해졌다.

1967~1968년에 양국 지도자는 적어도 비공식적으로는 관계 정상화가 양국의 국익을 위해 필요하다는 것에 공감했다. 미국의 대중 제재 완화는 '대중관계 정상화를 위해 점진적 조치(small steps)를 취한다'는 취지의 닉슨 행정부의 공식 입장에서 시작되었다. 이에 따라 1969~1970년 초에 미국은 일방적으로 일부 대중 무역 제재와 쌍무적 접촉에 장애가 되는 여타 제한 조치를 수차례에 걸쳐 완화하는 조치를 계속 발표했다.

1970년 말에 미국은 중국의 유엔 가입을 반대하지 않을 것이라는 신호를 보내고, 이에 대한 대응으로 중국은 고위급 비밀 회담을 수용함으로써 중요한 전환점을 맞이했다. 미국은 이에 1971년 자국민의 중국 방문을 허용했고, 탁구 팀의 방중으로 시작된 '핑퐁 외교'를 개시하기에 이르렀다.

미국은 1969년 이후의 제재 완화에 대한 중국의 긍정적 대응 조치를 기다릴 것도 없이, 1971년 6월 한국전쟁 당시 취해진 포괄적 경제제재를 21년 만에 해제했다. 미국으로서는 경제제재의 완화뿐 아니라 정치적·외교적 승인도 이미 불가피한 것으로 인식되고 있었기 때문에, 다음 단계인 핵심 제재의 해제는 '내친걸음'이었고 시간 문제였다. 사실 제재 조치 해제가 중국의 긍정적 변화와 관계 정상화를 촉진하는 유리한 여건을 조성할 것이라는 미국 측의 인식이 중요한 역할을 했다.

〈표 2-1〉 미국의 대중 제재 해제 및 미중 관계 정상화 과정

일시	내용
1967~1968	- 미-중 고위지도자들, 관계 정상화 필요성 인정
1969~1970년 초	- 미, 관계 정상화 결정 → 일련의 일방적 제재 완화 조치 착수
1971.3~4	- 미, 자국민의 중국 방문 허용 → 탁구팀 중국 방문(핑퐁 외교)
1971.6	- 미, 중에 대해 포괄적 경제제재 해제 · 외화 관련 제한 완화 · 대중 수출에 대한 일반적 제한 해제 · 중국 상품의 수입 금지에 대한 해제 · 무역상의 차별적 제재 부분적 해제
1972.2	- 미-중 정상회담
1973.5	- 미-중, 상호연락사무소 개설
1978.12	- 미-중, 국교 수립 협상 → 수교 합의 선언
1979.1~3	- 미-중, 대사급 국교 수립, 대사관 설치
1979.7~10	- 미-중, 양자 간 무역협정 체결 - 잭슨-배닉 수정조항 적용 유보 결정 - (잠정적) 최혜국대우 부여 합의 - 수출입은행 차관 제공 합의 - 미국 내 중국자산 동결 해제
1980.1	- 미-중, (잠정적) 최혜국대우 부여 발효

자료: 성채기, 「미-중, 미-베트남의 수교 과정을 통해 본 북-미관계 정상화의 전개 양상 및 전망」, ≪국방정책연구≫, 제45호(1999)를 참조하여 작성.

수교의 개시란 공식 승인의 시작이고, 곧 정치외교적 제재의 해제를 의미한다. 이것은 1971년 가을 미국이 중국의 유엔 가입 반대를 사실상 철회하여 중국이 유엔 가입에 성공함으로써 현실화되기 시작했고, 이듬해 2월 첫 양국 간 정상회담 및 고위급 회담 결과인 상하이 성명으로 공식화되었다.

양국은 이 합의에 따라 1973년 5월에 연락사무소를 개설했다. 수교 개시 단계도 제재 완화 및 해제 단계와 같이 상당히 신속히 진전되었다. 그러나 연락사무소 개설 이후 1973년 말~1977년 중국과 미국은 공히 국내

정치적 혼란기에 접어들었다. 그 결과 이 기간의 양국 관계는 별다른 진전 없이 소강상태를 보였다.

미국에서는 1976년 말 예상을 뒤엎고 지미 카터(Jimmy Carter) 대통령이 집권했고, 중국은 1977~1978년에 덩샤오핑(鄧小平) 중심의 새로운 실용 세력이 집권하여 본격적인 개혁·개방 정책을 추진했다. 이에 1978년 5월부터 본격적인 수교 협상이 개시되었고, 같은 해 12월에는 타이완 문제의 완전 해결과 역사적인 수교 합의에 도달함으로써 수교를 완성하기에 이르렀다.

이후 1979년 7월에는 '관계 정상화'의 결정적 전환점인 쌍무적 무역협정을 체결하여 상호 최혜국대우(Most Favoured Nation: MFN)를 부여하기로 합의했다. 곧이어 미국 수출입은행(Export-Import Bank)의 차관 제공(1979.8), 미국 내 중국 동결자산 해제 등 재산권 문제 해결(1979.10)도 합의했다. 1980년 1월부터 이러한 협정들이 발효됨으로써 적대관계에서 정상적 관계로 전환하는 대장정이 완결되었다.

2) 베트남의 사례

(1) 미국-베트남 수교 이전

미국과 베트남은 1975년 베트남 통일로 국교가 단절되었다. 이와 동시에 1964년 미국이 '적성국교역법' 등의 적용에 의해 북베트남 지역을 대상으로 실시했던 경제제재 조치를 1975년 베트남 통일과 함께 베트남 전역으로 확대했다. 미국은 해외자산 관리 규정, 미국 '수출입은행법'상의 지원 금지 규정, '대외원조법'상의 원조 금지 규정, 무역 거래 허가 규정, 수출 통제 규정을 통해 베트남에 대한 경제제재 조치를 단행하고, 대베트남 재화, 용역 및 기술 교류를 전면 금지시켰다.

〈표 2-2〉 미-베트남 관계 정상화 일정

일시	내용
1975.6	• 베트남 통일로 인한 미-베트남 국교 단절 • '적성국교역법' 적용을 전 베트남 지역으로 확대(← 1964년, 북베트남 지역에 적용)
1977	• 미국, 베트남에 대해 무조건적 수교 제의(선 수교, 후 제재 해제)했으나 베트남이 거부
1978	• 베트남의 캄보디아 침공 이후 아시아와 서방세계 국가들도 미국의 요청에 따라 베트남에 대한 경제제재 조치 시행
1991.4	• 미국, 베트남에 대해 국교 정상화 이정표(road map) 제시
1991.11	• 미-베 국교 정상화 교섭 개시
1991.12	• 미국인의 베트남 단체여행 허용
1992.3	• 인도적 차원의 원조 및 물자 제공 허용 • 기본 생필품의 수출 및 통신선로 개설 허용
1992.12	• 미국 기업들의 베트남사무소 개설 및 연구 조사 사업 허용
1993.8	• 미국, 금융기관 대베트남 차관 공여 재개 허용
1993.9	• 미국 기업들의 베트남 투자 허용
1994.2	• 클린턴 미 대통령, 대베트남 경제제재 전면 해제 발표: 베트남에 대한 무역, 투자, 금융 거래에 대한 포괄적 제재 해제
1995.1	• 미-베, 상호 연락사무소 개설 합의
1995.7	• 미-베, 국교 정상화 발표
1996.5	• 미-베, 무역협정 협의 개시
1998.3	• 미, 최혜국대우 부여 전제조건인 잭슨-배닉 수정조항 적용 면제 부여(1998.7.3~1999. 7.2) • 이후 1999년, 2000년, 2001년에 각각 연장
1998.3	• 대베트남 교역에 대한 미국수출입은행의 신용공여 허용
2000.7	• 미-베, 양자 간 무역협정 체결
2001	• 양자 간 무역협정이 양국의 의회를 통과하여 발효

자료: 성채기, 「미-중, 미-베트남의 수교과정을 통해 본 북-미관계 정상화의 전개양상 및 전망」; 김석진, 『베트남 사례를 통해 본 북한의 대외무역 정상화 전망』(서울: 산업연구원, 2007)을 참조하여 작성.

그런데 국교단절 약 2년 뒤인 1977년에 미국은 베트남에 대해 무조건적인 수교를 제의했다. 선(先) 수교, 후(後) 경제제재 해제 방식이었는데, 베트남 정부는 배상금 우선 지불을 주장하며 수교 제의를 거부했다. 그러다가 1980년대부터 베트남의 캄보디아 철군, 개혁·개방 정책의 적극적인 추진, 실종 미군(Missing is a Battle: MIA)에 대한 협조 등으로 미-베트남 양국 간 관계가 상당한 진척을 보였다.

특히 1991년에 들어와 조지 부시(George Bush) 행정부는 대베트남 관계 정상화의 주요 쟁점과 이의 단계적 해결을 구체화한 이정표(road map)를 제시했다. 이 이정표는 미국이 제시한 주요 요구 사항들을 베트남이 수용했을 경우 무엇이 기대되는지, 또 그에 상응하여 베트남은 어떠한 조치들을 취해야 할 것인지를 보여주는 철저한 반대급부 형식이었다. 이는 베트남에 대한 미국의 불신을 반영함과 아울러 당시의 힘의 불균형이라는 냉정한 국제정치적 현실을 반영하고 있었다.

미국 정부는 1992년부터 경제제재 완화에 착수했다. 1991년 12월 미국인 단체여행 허용에서 시작해 1992년 3월 인도적 차원의 원조 및 물자 제공 허용, 기본 생필품의 수출 및 통신선로 개설 허용과 NGO 사업 허용(1992.4), 미 기업들의 베트남 사무소 개설 및 조사연구 사업 허용(1992.12) 등의 조치가 잇달아 취해졌다. 1993년 8월에는 미국 금융기관의 대베트남 차관 공여 재개가 허용되었고, 9월에는 미국 기업의 대베트남 투자도 허용되었다. 나아가 국제기구 및 서방과의 채무문제도 해소되어 베트남으로서는 국제사회의 원조를 받을 수 있는 토대가 마련되었다.

더욱이 프랑스를 위시한 선진국의 대베트남 경제제재 해제 촉구와 자국의 경제적 실익을 내세운 미국 기업들의 압력이 점차 강해짐에 따라 미국 정부는 1994년 2월 경제제재 전면 해제를 발표했다. 이는 대베트남 무역 및 금융 거래, 투자 등에 대한 포괄적 제재의 해제로써, 이 조치에 따라

미-베트남 간의 상업적 무역이나 금융 거래, 투자 자체의 제한은 완전히 없어졌다.[11] 이렇듯 주로 경제적 측면에서 주요 직접적 제재가 해제됨으로써 수교 및 관계 정상화의 기초가 마련되었고, 1995년 7월에 드디어 양국은 외교관계 정상화를 선언했다. 이는 통일베트남 탄생 이후 20년, 본격적인 관계 정상화의 모색이 시작된 지 18년만의 성과이다.

(2) 미국-베트남 수교 이후

하지만 국교 수립이라는 외교관계 정상화가 무역 등 대외경제관계 정상화를 보장하는 것이 결코 아니라는 사실에 주목해야 한다. 제재만 놓고 보더라도 제한적·금지적 제재와 차별적 제재는 차원이 전혀 다르다. 또한 양국 간 관계 정상화 과정에서 제재 수단의 분리 적용, 각종 제재의 단계적 해제는 거의 필수적이며, 미-베트남도 결코 예외는 아니었다.

베트남의 경우, 미국과의 무역관계 정상화 과정은 2006년 미국과 항구적 정상적 교역관계(Permanent Normal Trade Relations: PNTR)를 수립함과 동시에 세계무역기구(World Trade Organization: WTO)에 가입함으로써 완료되었다. 국교 수립에서 PNTR까지 무려 11년의 시간이 소요된 것이다.

차별적 제재의 핵심 근거 조항인 무역법 잭슨-배닉(Jackson-Vanik) 수정조항에 의하면, 해당 국가가 미국으로부터 정상교역관계(Normal Trade Relations: NTR) 지위를 부여받기 위해서는 다음의 세 단계 절차를 거쳐야 한다.[12]

---

11) 여기에는 직접적인 제한·금지성 제재만이 포함되어 있고, 최혜국대우의 부여와 같은 차별성 제재는 포함되어 있지 않다. 차별성 제재의 해제는 통상 외교관계 수립 후의 관계 정상화 과정에서 중요한 전환점이다.

12) Vladmir N. Pregelj, "The Jackson-Vanik Amendment: A Survey," *CRS Report for Congress*(2005); 김석진, 『베트남 사례를 통해 본 북한의 대외무역 정상화 전망』(서울: 산업연구원, 2007) 참조.

첫째, 미 대통령이 해당 국가에 대한 잭슨-배닉 수정조항의 적용을 잠정적으로 정지시키는 결정을 내린다. 이때 해당 국가와의 상거래에 대한 수출입은행, 해외민간투자공사 등 미국 국책금융기관의 신용 및 보증 제공이 허용된다. 이 결정은 계속 갱신되어야 하며, 의회에서 그 갱신을 거부할 수도 있다. 둘째, 해당 국가와 미국이 양자 간 무역협정(Bilateral Trade Agreement: BTA)을 체결해야 하고, 여기에는 의회의 승인이 필요하다. 이로써 해당 국가에 대해 잠정적으로 정상교역관계 지위가 부여된다. 셋째, 해당 국가에 대해 항구적 정상교역관계를 부여하는 법안이 의회에서 통과되어야 한다. 이 경우 해당 국가에 대해 잭슨-배닉 수정조항의 적용이 종료되고 항구적 정상교역관계가 부여된다. 실제로 베트남의 경우, 이러한 절차를 거쳐 항구적 정상교역관계를 부여받았다.

1998년, 미 대통령은 베트남에 대한 잭슨-배닉 수정조항 적용 유보를 결정했고, 그 후 2001년까지 매년 유보 조치를 연장했다. 이에 미 하원은 유보 거부 결의안을 계속 거부했다. 이에 따라 베트남에 대한 교역 및 투자와 관련해 미국 수출입은행 및 해외민간투자공사의 신용공여, 투자보증이 허용되었다. 양국은 2000년에 양자 간 무역협정에 서명하고, 2001년에 미국과 베트남 의회를 통과하여 발효되었고, 이에 따라 베트남에 대해 잠정적 정상교역관계(최혜국)지위가 부여되었다. 그리고 2006년 베트남에 대한 항구적 정상교역관계 법안이 미 의회를 통과했으며, 같은 해 미-베트남 간에 WTO 가입 협상이 타결되었다. 미국은 베트남에 대해 항구적 정상교역관계를 부여하고, 베트남의 WTO 가입에 대해 지지 의사를 표명했다.

(3) 미국-베트남 간 협상 지연과 그 원인

베트남의 사례는 미국과의 국교 정상화가 이루어졌다고 해도 무역 등 대외경제관계 정상화는 매우 험난할 수 있음[13]을 잘 보여준다.[14] 협상과정에서 미국은 베트남에 시장 개방을 강력하게 요구했고, 이를 실제로 관철시켰다. 베트남의 국가 규모, 성장 잠재력, 그리고 배후의 동남아시아국가연합(Association of South-East Asian Nations: ASEAN) 시장 등을 고려할 때 미국 입장에서는 베트남이 정치적으로뿐 아니라 경제적으로 가치가 있었다.

물론 베트남과의 무역 협상, 나아가 PNTR 등 무역 정상화에 대해 미국 내에서 반대가 없었던 것은 아니다. 가격 경쟁력을 무기로 한 베트남산 공산품의 수입이 급증할 것을 우려한 미국의 노동계 및 섬유 의류업계가 그 중심에 있었다. 이들은 베트남의 노동조건 및 환경 기준이 국제표준에 미달한다는 점을 내세워 양국 간 무역협정 체결에 반대했다. 이와 함께 베트남의 인권문제와 종교의 자유가 없는 정치적 상황을 문제 삼았다.

미국의 강력한 시장 개방 요구는 베트남 내에서도 심각한 정치적 논쟁을 야기했다. 미국의 요구를 수용할지 여부를 두고 보수파와 개혁파 간에 치열한 논쟁이 전개되었다. 보수파는 미국이 요구하는 수준의 광범위하고 급격한 개방이 공산당 통치체제에 위협이 될 수 있다고 우려했으나, 결국 실용주의적 관점에 선 개혁파가 승리했다.

이러한 국내적 논란에도 베트남과 미국은 결국 무역 등 대외경제관계를 정상화하기에 이르렀다. 무역협정 등을 통해 양국이 서로 경제적으로 큰 이익을 얻을 수 있다는 점을 알고 있었기 때문이다. 하지만 베트남의

13) 베트남과 미국의 무역 정상화 과정은 김석진, 『베트남 사례를 통해 본 북한의 대외무역 정상화 전망』(서울: 산업연구원, 2007)에 상당히 잘 정리되어 있다. 다만 수출입은행과 해외민간투자공사 등 무역 및 투자 촉진 정책에 대한 서술은 별로 없어 아쉬움이 남는다.

14) 후술하겠지만, 베트남의 이러한 경험은 향후 북한에 대해서도 시사하는 바가 적지 않다.

경험은 무역협정 체결 등 대외경제관계 정상화를 추구하는 두 나라에서 제기된 국내적 갈등으로 인해 정상화 과정이 상당 기간 지연될 수 있음을 보여준다.

3) 쿠바의 사례

쿠바와 미국은 1959년 쿠바혁명 직후 대립관계를 지속해왔다. 1959년 10월, 쿠바 정부는 쿠바에서의 미국의 이권을 폐기하고 미국 자본의 쿠바 진출을 엄격히 제한했으며, 1960년에는 10억 달러 규모의 미국계 기업 소유 자산을 국유화했다. 이에 미국은 1961년 1월 국교 단절로 응수했다. 그해 4월 미국이 쿠바의 피그 만(Bay of Pigs)을 공격했으나 실패로 돌아갔다. 미국은 1962년 2월 쿠바에 대해 전면적 금수조치를 단행했으며, 1963년 3월 자국민의 쿠바 여행을 금지했다.

1990년대 들어 쿠바에 대한 미국의 경제제재 조치는 더욱 강화되었다. 대표적인 예가 미국 의회가 1992년에 통과시킨 '쿠바민주화법(Cuba Democracy Act)」이다. 이 법에는 쿠바와 거래하는 미국 회사들에 대해서는 보조금을 중단하고, 쿠바와 거래하는 기업의 미국 입항을 금지시키는 등 강경한 조치가 포함되어 있었다. 이어 1996년 2월에는 쿠바가 미국의 민간 비행기 두 대를 격추시켜 미국인 세 명이 사망했다. 이런 상황을 반영하여 미국 의회는 '리베르타드법(Libertad Act)」[15]을 통과시켰다. 이 법은 쿠바에 5만 달러 이상의 재산을 억류당한 미국인이나 미국 기업이 쿠바에 투자한 외국 기업을 상대로 손해배상 소송 청구를 할 수 있도록 했다(제3조). 또한 쿠바와 거래하는 외국기업의 경영진이나 주주, 가족의 미국

15) 일명 '헬름스-버튼법(Helms-Burton Act)」을 일컫는다.

입국을 금지하도록 했다(제4조).

'리베르타드법'은 즉각 국제적인 논란의 대상이 되었다. 특히 EU 국가들은 거세게 반발하면서 '리베르타드법'을 WTO에 제소했다. 개별 국가의 국내법이 국제통상 질서의 포괄적인 법안보다 앞설 수 없다는 것이 EU 측 주장의 골자였다. 미국과 EU 간의 갈등은 이듬해인 1997년에 타협점을 찾았다. EU가 쿠바에 대한 투자를 자제하는 대신 미국은 '리베르타드법' 제3조와 제4조의 적용을 유예키로 했다. 그리고 EU는 WTO 제소를 취하했다.[16]

한편 쿠바는 1989년부터 구소련 및 동유럽 사회주의 국가들이 붕괴하기 시작하자 마이너스 성장을 지속하는 등 심각한 경제위기에 봉착했다. 이에 쿠바 정부는 1990년 대외개방을 중심으로 한 미온적인 개혁을 추진했고, 1993년에는 생산주체들에 대한 과감한 개혁 조치를 단행했다.

사회주의 경제 개혁에 흔히 나타나는 두 단계의 개혁과정이다. 우선 쿠바 정부는 1990년 외국인을 상대로 한 관광을 허용했다. 외국인 관광을 통해 부족한 달러를 벌어보자는 의도였다. 쿠바는 1992년 헌법을 개정해 합작회사의 소유권을 허용했다. 그러나 쿠바 정부의 제한적인 개혁·개방 정책은 결과적으로 경제의 불균형만 심화시켰고 더 심도 깊은 개혁이 필요한 상황을 초래했다.

이에 따라 쿠바 정부는 1993년부터 대대적인 경제 개혁을 실시했다. 그 내용은 ① 달러 사용의 합법화, ② 농업의 외자 합작, ③ 노동에 대한 인센티브 확대, ④ 농업 자유시장 설치, ⑤ 외자기업 인정, ⑥ 수출입 자유지대 설치, ⑦ 자영업 확대 인정 등이다.

---

16) 김연철, 『쿠바의 경제 개혁이 북한에 주는 시사점』(서울: 대외경제정책연구원, 2002), 23~25쪽 참조.

4) 중국, 베트남, 쿠바 사례의 비교

중국과 베트남 등의 사례 검토를 통해 미국이 이른바 적성국과 관계 정상화를 달성하는 데는 큰 흐름에서 공통적인 수순이 있다는 점을 확인할 수 있다. 즉, 경제제재 완화 및 해제 → 국교 수립 → (대외경제 등) 관계 정상화의 순서이다. 경제제재 완화 및 해제는 미국과의 관계 정상화와 연계되어 있지만, 엄밀히 따지면 관계 정상화 이전 단계에 해당된다.

얼핏 보면 미국에 의한 양자 간 경제제재의 완화 및 해제는 사회주의 국가 입장에서는 개혁·개방, 나아가 체제전환의 핵심적인 필요조건인 것처럼 보인다. 물론 이는 매우 중요한 조건임에는 틀림없지만 상황에 따라 다소 상이할 수 있다. 그래서 베트남, 쿠바 사례에 대한 고찰이 필요한 것이다.

앞에서 보았듯이 양자 간 경제제재 레짐, 특히 재제의 해제가 사회주의 국가에 미친 영향은 국가별로 조금씩 다르다. 중국은 경제제재 해제가 전격적으로 단행되었고, 미국과의 정치외교적 관계가 정상화(1979년)된 이후 얼마 되지 않아 대외경제관계 정상화(1980년)가 이루어졌다. 더욱이 중국은 1978년 개혁·개방에 착수하기 7년 전인 1971년에 이미 미국에 의한 포괄적인 경제제재 조치가 해제되었고, 국교 수립을 위한 논의가 시작되어 1973년에 연락사무소가 설치된 상태였다. 이렇게 대외적인 환경이 적대적인 것에서 우호적인 것으로 전환되는 것은 중국 정부가 개혁·개방에 착수하는 데 중요한 밑거름이 되었다. 특히 중국의 경우, 대외적인 관계가 충분히 호전된 이후 개혁·개방에 착수했다는 점이 눈에 띄는 대목이다.

반면 베트남은 경제제재 해제가 단계적·점진적으로 이루어졌고, 미국과의 정치외교적 관계가 정상화된 이후에도 다소 오랜 시간이 경과한 후에야 대외경제관계 정상화가 이루어졌다. 그리고 베트남은 1986년 이후 도이모이의 깃발 아래 본격적인 개혁·개방을 추진하는 과정[17]에서 미국에 의한 경제제재 조치가 단계적으로 해제되었다.

한편 쿠바는 미국의 혹독한 경제제재가 유지되고 있는 상황에서도 일정 수준의 개혁·개방을 단행해 경제위기에서 벗어났다. 물론 쿠바의 개혁·개방은 그 범위와 심도 면에서 중국과 베트남에 한참 미치지 못했지만 나름대로는 과감한 개혁·개방을 단행했음을 인정해야 한다.

4. 결론에 대신하여: 북한에 대한 시사점

냉전 해체 이전에 서방세계는 사회주의 국가들에 대해 미국 주도하의 다자 및 양자 간 경제제재 레짐을 통해 압력을 가하고자 했다. 그리고 냉전 해체 이후에도 미국은 체제전환 사회주의 국가 및 일부 개도국에 대해 다자 및 양자 간 경제제재 레짐을 진행하고 있다.

이러한 경제제재의 실효성에 대해서는 정확하게 판단하기가 쉽지 않다. 제재의 형태와 내용에 따라, 또한 제재를 받는 국가의 조건에 따라 제재의 효과는 달라지게 마련이기 때문이다. 다만 체제전환 이전 시기에 대외의존도가 높고 국가 규모가 작은 나라들 — 예컨대 동유럽, 베트남, 쿠바 등 — 에게 제재의 효과는 결코 작지 않았을 것으로 보인다. 그렇다면 북한도 상황이 크게 다르지 않았을 것이라고 충분히 짐작할 수 있다.

사회주의 국가들에 대한 경제제재 레짐이 그러했듯이, 북한에 대한 제재도 본격적인 개혁·개방에 대한 큰 제약 요인으로 작용할 것이다. 아울

17) 김석진, 『중국·베트남 개혁 모델의 북한 적용 가능성 재검토』(서울: 산업연구원, 2008), 45~50쪽 참조.

러 북한의 경제 재건을 위해서는 경제제재의 완화 및 해제가 필수적인데 이는 대외관계의 정상화와 맞물려 있으며, 특히 본격적인 개혁·개방, 나아가 체제전환의 중요한 필요조건이다.

경제제재의 완화와 해제를 위해서는 우호적인 대외환경이 매우 중요하다. 중국과 베트남의 경험이 상이했던 것은 국제사회에서의 위상이 달랐기 때문이다. 베트남과 같은 약소국은 강대국 중국과는 달리 주체적인 노력이 훨씬 더 중요했다. 물론 그 때문에 베트남은 내부적인 진통을 겪었고 시간도 다소 소요되었다.

포괄적으로 보아 본격적인 개혁·개방을 위한 북한 스스로의 노력이 일정 수준 이상이 되지 않으면 미국은 북한에 대한 경제제재 레짐의 완화 및 해제에 협조적인 태도를 취하지 않을 것이다. 경제문제를 해결하기 위해서는 내키지 않더라도 상대방을 움직일 수 있는 노력을 기울여야 한다. 아울러 제재 해제와 관련된 미국의 경제적 혹은 비경제적 이해관계를 창출하려는 노력도 중요하다. 이것들이 오늘날 북한이 당면한 현실이다.

한편, 미국의 혹독한 경제제재가 유지되고 있는 상황에서도 일정 수준의 개혁·개방을 단행해 경제위기에서 벗어났던 쿠바의 경험도 북한에게 하나의 대안이 될 수 있다. 일종의 우회 전략이다. 어느 길이든 개혁·개방을 진전시키기 위한 북한의 우선적인 노력이 중요하다는, 어찌 보면 너무도 당연한 시사점을 새삼 확인할 수 있다.

참고문헌

〈국문〉

김석진. 2007.『베트남 사례를 통해 본 북한의 대외무역 정상화 전망』. 서울: 산업연구원.

_____. 2010.『중국·베트남 개혁 모델의 북한 적용 가능성 재검토』. 서울: 산업연구원.

김연철. 2002.『쿠바의 경제 개혁이 북한에 주는 시사점』. 서울: 대외경제정책연구원.

서현희. 2010.「남북경협에서의 전략물자 수출통제 실태에 관한 연구」. 북한대학원대학교 석사학위논문.

전성훈. 2000.「COCOM, 바세나르 체제 그리고 한국의 안보」. ≪한반도 군비통제≫, 제27집.

최승환. 2006.「국제제재와 미국수출규제법규의 역외적용」. 한국무역협회 전략물자무역정보센터.『수출통제: 이론과 실무』. 서울: 박영사.

〈일문〉

宮川眞喜雄. 1992.『經濟制裁』. 東京: 中央公論社.

〈영문〉

Pregelj, Vladmir N. 2005. "The Jackson-Vanik Amendment: A Survey." *CRS Report for Congress*.

제3장

사회주의 체제전환국의 노동 및 경제 관련 법제 개혁과 글로벌 거버넌스

베트남 사례를 중심으로*

윤대규 · 최은석

1. 서론

베트남은 중국과 더불어 대표적인 아시아 내 사회주의 국가로 알려진 나라이다. 베트남은 1986년 도이모이(Doi Moi) 정책을 추진하면서 경제개발과 국부 창출이라는 신국가 성장의 목표를 향해 큰 변화와 개혁의 길을 걸어왔다. 대내적으로는 시장경제질서 요소를 대폭 도입하여 민간경제 부문을 활성화하는 한편, 헌법 개정과 '외국인투자법'의 제정 등 법제 정비를 통해 국가 발전의 원동력을 축적해왔다. 나아가 대외적으로는 외국인 투자를 적극적으로 유치하고, 2001년 미국과 무역협정을 체결한 후 세계무역기구(이하 WTO)에의 가입을 추진하는 등 시장경제 시스템을 갖춘 경제 선진국으로 편입하기 위해 부단한 노력을 기울여왔다.

베트남은 정치민주화와 시장경제화를 두 축으로 하는 베트남의 체제전

* 이 글은 정부(교육부) 재원으로 한국연구재단의 지원을 받아 수행된 것으로, 윤대규· 최은석, ≪법학논총≫, 제26권 제1호(국민대 법학연구소, 2013)에 게재된 내용을 일부 수정한 것입니다.

환 과정에서 노동의 효과적인 조직화와 정치화 과정을 이룩하고자 했다. 특히 노동이익의 표출 및 투입의 제도화는 성공적인 체제전환을 위한 전제조건이었다. 베트남의 체제전환 초기, 노동 부문은 현실적으로 노동이익을 배제했던 구사회주의체제에 대한 환멸과 함께 '시장에 대한 환상'을 가짐으로써 시장경제체제로의 이행에 매우 순응적이었다고 할 수 있다.[1] 이러한 변화에는 동구권 사회주의 국가의 몰락이 한몫을 했지만, 경제 침체를 벗어나기 위한 자구책의 일환이기도 했다. 베트남이 글로벌 거버넌스의 지원을 통해 달성하고자 했던 궁극적인 목적은 경제 개발과 빈곤 퇴치라는 기본적인 문제에서 출발한다. 그런 점에서 글로벌 거버넌스의 베트남의 체제전환 지원은 매우 괄목할 만한 일이다.[2]

20세기의 사회주의 국가는 합리성과 평등을 산업주의에 결합하고자 했던 체제였다. 그렇지만 사회주의 국가에서는 사회주의 체제를 존속했던 기간 내내 불평등과 사회적 불만이 팽배했고, 이에 따라 새로운 사회질서에 대한 요청이 커졌다. 핵심 쟁점은 경제성장, 노동문제(완정고용경제), 그리고 포괄적인 복지국가 등이었다.

사회주의 국가의 체제전환 과정에서 공적 소유 자산의 사유화 혹은 비국유화, 보건 서비스의 화폐화, 고실업률과 높은 유연성을 지닌 노동시장의 도입, 과도한 소득 격차와 빈곤의 증대 등이 수반되었는데, 베트남도 예외는 아니었다. 따라서 베트남이 체제전환에서 가장 중시한 부분은 사

---

1) 일부 전문가는 베트남의 지도부는 도이모이 정책을 통해 '체제수정적' 내지 '체제전환적' 개혁이 아닌 '체제보완적' 개혁을 의도했다고 지적한다[백학순, 『베트남의 개혁·개방 경험과 북한의 선택』(성남: 세종연구소, 2003), 56쪽].

2) 이를 위하여 제시된 구체적인 방안은 사적 영역의 활성화를 위한 환경 조성, 국영기업체 개혁, 건전한 금융시스템 구축, 노동집약적 수출을 통한 국제경제로의 통합, 공공재정 지출 구조 개선 등이었다[윤대규, 『법제도 개혁을 위한 국제금융기구의 지원에 관한 연구』(서울: 한국법제연구원, 2006), 39쪽].

회 보장과 노동문제 해결이었다.

이 글은 북한의 원만한 체제전환을 위해 글로벌 거버넌스가 어떤 지원을 해야 하는지 그 시사점을 찾기 위해, 사회주의 국가를 유지하면서도 비교적 성공적으로 시장경제체제로 전환한 베트남의 경험을 연구한다. 베트남은 사회주의 국가이지만 경제적 측면에서는 1980년대 중반 도이모이 정책을 도입하면서 노동 분야에서도 법제 개혁을 통해 체제전환을 하기에 이르렀다. 글로벌 거버넌스 차원에서 베트남의 노동법제 변화에 대한 대외적 조치를 살펴보고, 나아가 베트남의 경험이 북한 노동법제에 주는 시사점은 무엇인지 제시하고자 한다.

2. 베트남의 노동법제 개혁과 글로벌 거버넌스

1) 베트남의 개혁·개방과 쇄신정책

베트남은 분단국이었다는 점에서 남북한과 매우 유사한 법적 관계를 유지해왔다.[3] 베트남 전쟁 이후, 베트남노동당은 1976년 제4차 당대회에서 '베트남공산당'으로 개칭하고, 통일베트남에 걸맞은 새로운 정책을 내세웠다. 베트남의 헌법에서 베트남공산당은 "노동자 계급과 베트남 전 인민의 이익을 위하여 투쟁하고 존재한다. 그 방식은 헌법의 범위 내에서 결정하도록 한다"(제4조)라고 그 지위가 규정되어 있다.

---

3) 베트남은 남북한과 같은 특수한 관계에 있지는 않았다. 예컨대 동서독과 같이 '내부관계'로 이해하거나 남북한과 같은 민족 내부의 특수 관계로 규정되지도 않았다는 점이 다르다고 평가할 수 있다[최은석, 「북한의 체제전환과 남북관계 발전에 관한 법제도」, 『북한의 체제전환과 법제도』(서울: 도서출판 한울, 2008), 283~284쪽].

베트남은 중국과 같은 사회주의 국가이면서 시장경제제도를 구축했다. 그렇지만 과거 사회주의 제도가 갖는 한계를 극복하기란 쉽지 않았다. 따라서 베트남에서는 여러 가지 법제를 비롯한 각종 제도 개혁에 대한 요구가 발생했고, 1970년대 말부터 제기되어온 부분적 경제 개혁에 착수했다. 이후 개혁 과정에서 자본주의적 요소의 확산과 부의 불평등에 대한 보수파의 우려로 개혁이 지체되기도 했다. 그러나 1985년 물가, 임금, 화폐 개혁의 실패로 발생한 경제적 위기에서 탈피하기 위하여 1986년 12월 제6차 베트남공산당 전국대표대회에서 도이모이 정책을 채택하면서 전면적 개혁에 들어갔다.

소련이나 동유럽 국가와는 달리 큰 정치적 혼란 없이 점진적인 개혁을 추진한 베트남은 정치 부문에서는 사회주의의 틀을 그대로 유지하면서 부분적 개혁을 시도해왔다. 인플레이션, 실업 등의 부작용이 발생한 것은 사실이지만, 베트남의 쇄신정책은 폐쇄적이고 낙후된 중앙집중적 사회주의 경제체제를 개방형 시장경제체제로 획기적으로 전환시키면서 놀라운 성과를 보이기 시작했다.[4)]

그러나 사회주의 정치 이념과 시장경제 질서와의 갈등도 적지 않았다. 제5차 5개년계획을 통하여 베트남은 고도성장이라는 경제적 성과를 거두었지만, 지속적인 경제 개발을 위해서는 커다란 관문을 통과해야만 했다. 그것은 사회주의 국가이념 및 공산당의 일당지배체제와 시장경제체제와

---

4) 베트남의 1980년 헌법을 보면, 정치체제적 측면에서 '베트남공산당은 국가와 사회를 이끄는 유일한 조직이고, 공산당은 노동계급과 전체 베트남 인민의 이해를 위하여 투쟁하고 존재한다'(제4조)라고 규정함으로써 공산당에 의한 국가 영도를 원칙으로 삼아왔다. 한편, 경제제도적 측면에서는 '자본주의 단계를 생략한 채 소규모 생산체제 사회에서 바로 사회주의로 이행한다'(제15조)라고 규정하는 등 전형적인 사회주의 중앙집권적 계획경제 원칙들을 천명했다. 또한 국가기관과 관련해서 1959년 헌법에서의 기관장 체제를 집단체제로 바꾸었다는 점이 특징적이다.

의 내적 충돌과 모순에 대한 정치적 해결이었다. 1996년 6월, 베트남공산당 제8차 당대회가 개최되었는데, 도이모이 정책의 지속적 추진을 재확인하긴 했으나 단호한 개혁안을 만들어내지는 못했다. 전반적으로 보수주의자들은 1996년 제8차 당대회에서 1991년 제7차 당대회에 비해 더 큰 힘을 발휘했다. 당중앙위원회와 정치국 구성도 중앙관료, 군, 내무성에는 유리하게, 지방에는 불리하게 이루어졌다. 제8차 당대회에서 고령의 최고지도층 3인이 유임되었다. 사실상 파벌 간의 세력관계가 새로운 최고지도층의 선출을 어렵게 만들었고, 당대회와 같은 회의를 통해 특별한 성과를 내지 못하더라도 그것이 각각의 파벌에게 특별히 나쁠 것이 없다는 합의가 이루어진 셈이었다. 예컨대, 제8차 당대회가 개최되기 2개월 전에 모습을 드러내 제8차 당대회에서 채택될 예정이었던 「정치보고서(Political Report)」에는 당시 GDP의 40%를 차지하고 있는 국영 부문의 비율을 60%까지 높이도록 되어 있었으나, 결국 제8차 당대회에서는 '국영부문이 지도적 역할(leading role)을 하는 것'으로 그 표현이 완화되었다.[5]

베트남공산당은 정치체제의 유지와 경제 개혁과의 간극 사이에서 절묘한 타협점을 찾으려고 한 것으로 보인다. 경제 개혁을 위한 분권화, 비통제화, 국제화의 길과 경제성장에 따른 부의 불균형 확대 및 정치 이념적 불안 사이의 갈등에서 정치체제 및 이념의 현상유지를 선택한 것이다. 즉, 중도적 입장 이상의 어떤 것을 억지로 선택할 필요가 없는 특수한 상황을 적절하게 이용한 것이라 볼 수 있다. 이를 통하여 보수주의와 개혁주의 간의 적당한 타협과 현상유지가 지속되었다. 하지만 제6차 5개년계획(1987~1991) 기간에 발생한 동남아시아의 금융위기 사태는 베트남의 지

---

5) Brantly Womack, "Vietnam in 1996: Reform Immobilism," *Asian Survey*(University of California Press, 1996), pp.79, 82, 84. 백학순, 『베트남의 개혁·개방 경험과 북한의 선택』, 45쪽 재인용.

속적인 경제성장에 커다란 걸림돌이 되었으며, 이로 인해 실업의 증가, 부정부패의 심화 등 전형적인 자본주의적 모순이 나타났다.[6]

2) 베트남의 시장경제 시스템과 노동법제: 대내적 조치

(1) 사회주의 계획경제 시스템에서 자본주의 시장경제 시스템으로

남북으로 분단되었던 베트남은 1972년 12월 남베트남 총공세에 돌입하여 1975년 4월 30일 호찌민(Hôâ Chi Minh) 시를 점령함으로써 베트남 통일을 이룩했다. 통일베트남은 '베트남사회주의공화국'으로 국명을 정하고, 신헌법이 제정될 때까지 북베트남 헌법을 잠정적으로 사용하기로 결정했다. 그리고 각급 국가 지도부를 선출하고 내각을 구성해 국가체제를 정비했다. 하지만 사회주의의 중앙계획경제의 누적된 폐해로 생산력 발전에 실패함으로써 결국 경제가 붕괴하고,[7] 통일국가임에도 국력은 약화되었다. 이는 독일과 같이 새로운 국가 성장력의 근원이 되는 통일국가로서의 경제적 독립, 주권의 재확립, 국가안보와 국가방위의 안정, 국제노동 분업 및 국제 협력 제고 등의 능력을 갖추기 위해서는 적절한 경제구조를 건설해야 함을 보여준다.

이러한 국가적 배경에 따라 베트남 사회주의공화국은 사회주의 계획경제 시스템에서 자본주의 시장경제 시스템을 도입할 수밖에 없는 상황에 이르렀다. 그렇다고 자본주의 시스템이 항상 국가에 이로운 것만은 아

6) 백학순, 『베트남의 개혁·개방 경험과 북한의 선택』, 45~46쪽.

7) 도이모이 정책 시기 직전에 베트남은 생산 부진, 초인플레이션, 미국의 베트남 경제봉쇄, 열악한 생활환경, 추락하는 신인도 등으로 심각한 경제적 난관을 겪고 있었다 [Nham Tran, *Such is Vietnam: Renovation and Economic Development*(Hanoi, Vietnam: National Political Publishing House, 1998), p.10. 백학순, 『베트남의 개혁·개방 경험과 북한의 선택』, 8쪽 재인용].

니다. 예컨대 자본주의체제로의 이행은 그것이 성공적이면 성공적일수록 사회적 갈등을 증폭시킬 수밖에 없을 뿐만 아니라, 전환비용 부담의 배분 문제를 필연적으로 야기한다. 특히 자본주의 시스템에서 가장 중요시되는 것이 바로 노동과 실업문제의 해결이다. 장기적으로 체제전환 과정 및 전환 전략에 대한 노동 부문의 정치적 지지가 약화될 가능성이 얼마든지 있다. 즉, 노동이익이 체제 내로 효과적으로 편입되지 않을 경우, 시장의 결과에 대한 실망이 시장경제로의 이행 그 자체에 대한 실망으로 전화될 수 있다는 것이다. 베트남이라고 예외일 수는 없었다.

(2) 노동 환경의 변화와 법제 개혁

베트남은 과거 사회주의 노동 정책의 근간이었던 국가의 완전고용 및 저임금 정책을 고수했다. 노동조합에 대한 정치적 종속성을 유지하고, 국가가 노동조합에 깊숙이 개입했다. 이러한 양상은 사회주의체제의 전형적 특징이었다. 그러나 체제전환 과정에서 베트남의 노동 환경은 크게 달라져야만 했다.

무엇보다 베트남이 글로벌 거버넌스를 통해 궁극적으로 해결하고자 했던 것은 경제 개발과 빈곤 퇴치였으나, 기존의 국가시스템을 변경하기에는 많은 두려움과 장애가 있었다. 특히 이러한 목적을 실현하기 위하여 베트남은 수많은 법을 새로 제정하거나 기존의 법을 개정 또는 수정해야 하는 상황이었다.[8)]

> 베트남과 같은 사회주의 체제전환국가의 시장경제법제 구축 또는 법제 개혁의 경로는 경제 관리 방식의 변화에서 시작되었는데, 특히 기존의 행

---

8) 윤대규, 『법제도 개혁을 위한 국제금융기구의 지원에 관한 연구』, 39쪽.

정명령(administrative commands) 등에 기초한 중앙 계획적 관리에서 법과 규정에 의한 관리로 전환하기 위하여 많은 새로운 법률이 제정되고 공포되었다. 그래서 초기에는 가능한 많은 법과 규정이 제정되고 공포되는 것이 중요했다. 하지만 시간이 갈수록 법규의 숫자보다 법규의 질이 중요한 것으로 간주되었다. 양질의 법규를 만들기 위해서는 양질의 법률 입안자가 필요하다. 이들은 적절한 입법 기술과 실정법에 대한 지식을 동시에 갖추고 있어야 한다.[9]

베트남이 시장경제로 전환하는 데 집중하면서, 국가운용전략(Country Operational Strategy)은 ① 정책, 법률, 규제 개혁, ② 제도 개발 및 수용력 제고, ③ 민간 부문 강화, ④ 국영 기업의 상업화, ⑤ 근대화 및 산업화의 필요성을 강조했다.[10] 베트남이 시장경제로 전환하는 것은 경제 및 관료제의 구조를 근본적으로 바꾼다는 것을 뜻한다. 이와 관련한 대출 활동을 지원하기 위해서 체제전환 경제에 지원되는 자주적인 수용능력 구축 기술 지원(free-standing capacity building technical assistance)이 광범위하게 사용되었다.[11] 1990년대 중반 당시 이러한 글로벌 거버넌스의 영향에 힘입어 베트남은 2011~2015년에는 사회주의 지향의 시장경제제도를 향상시키고, 2011~2020년에는 현대적인 산업국가로 성장할 것을 목표로 삼았다. 특히 기업의 생산성 및 국가 성장의 기반으로 베트남의 경쟁력 있

---

9) 임을출, 「국제기구의 중국·베트남 시장경제법제 개혁 지원 사례: 북한 적용과 시사점」, ≪통일정책연구≫, 제21권, 제2호(2012), 90쪽.

10) Asia Development Bank, *Country Operational Strategy Study: Viet Nam*(ADB, 1995), p.4(Table 1. Main Development Needs and Concerns); 윤대규, 『법제도 개혁을 위한 국제금융기구의 지원에 관한 연구』, 57쪽.

11) Asia Development Bank, *Country Operational Strategy Study: Viet Nam*, pp.91~93; 윤대규, 『법제도 개혁을 위한 국제금융기구의 지원에 관한 연구』, 57쪽.

는 저렴한 노동집약적 산업에 투자할 것을 강조하고 있다.[12)]

베트남의 체제전환 과정에서 노동 환경의 변화와 노동 부문의 조직화, 그리고 노동조합의 위상 및 역할 변화는 매우 중요했던 것으로 분석된다. 베트남은 노동조합의 정치적 종속성과 함께 고용과 임금 등 노동조건에 대한 국가의 깊숙한 개입 등 구 사회주의체제의 특징을 그대로 답습했는데, 당시 베트남 정부는 완전고용의 유지와 저임금 정책이야말로 사회주의 노동정책의 근간이라고 여겼기 때문이다. 모든 시민에게 노동의 기회를 제공하는 것은 국가의 의무였고, 또한 모든 시민은 노동에 참여하는 것이 의무였다. 경제체제를 전환한 베트남은 이런 지점에서 법제 개혁을 하지 않을 수 없었다.

베트남이 전면적 개혁에 착수한 후 개정한 헌법(1992년)에는 노동조합과 당-국가의 직접적 관련을 명시하지 않고 노동조합 자체의 기능에 대해서만 언급되었다. 1992년 헌법은 제10조에서 단지 "노동조합은 노동자계급 및 노동인민의 정치사회조직이며, 간부, 노동자, 공무원 및 모든 노동인민을 돌보고 보호한다"고 규정하고 있다.

베트남은 1986년 말 제6차 공산당대회에서 도이모이 정책을 선포하여 전면적 개혁에 착수했다. 실질적으로는 1987년 외국인투자법을 제정하고 1988년 이를 시행했으며, 같은 해 농업 부문에서는 농가계약제를 채택했다. 또한 1989년에는 상품의 시장가격 단일화 등을 추진하면서 1988~1989년에 걸쳐 본격적으로 개혁 정책을 실시했다. 이로써 많은 외국인 투자가 베트남으로 유입되었고, 1992년 이래 국유 기업의 재편과 민영화 작업이 개시되면서 사영기업이 증가하기 시작했다.

---

12) Asia Development Bank, *Country Partnership Strategy: Viet Nam 2012~2015*(ADB, July 2012), p.12.

이러한 개혁으로 인한 변화에 부응하기 위하여 '노동법'을 제정하기 위한 노력이 전개되었다. 우선 1987년 11월 국유 기업에 노동계약제도(각료평의회 결정 제217호)가 도입되었고, 이후 1994년 '노동법'을 입안하여 일차적으로 노동 관련 규정을 완비했다. 1994년 제정된 '노동법'에서는 노동계약, 단체교섭, 노동조합의 기능, 갈등 해결 절차 등을 규정했다. 노동법을 제정하기 위한 노력은 1990년 초안을 만들면서부터 시작되었다. 이 초안은 베트남의 노동총연맹, 부녀연합회, 청년단, 관련 정부 부처가 참여해 논의했으며, 글로벌 거버넌스 기구인 국제노동기구(International Labor Oraganization: ILO)에서 검토했고 30여 차례의 수정 작업을 거쳐 입법되었다.[13)]

3) '노동법'의 체계와 노동 환경

(1) '노동법'의 체계

베트남은 체제전환 이후 처음으로 제정한 '노동법' 전문(前文)에서는 '노동법'의 정신을 잘 담겨 있다.

> 노동은 인간이 행하는 가장 중요한 활동[14)]으로 사회의 물질적·질적 그

---

13) 이한우, 「탈사회주의 이행기 베트남에서 국가-노동관계」, ≪민주주의와 인권≫, 제10권, 제3호(2010), 389쪽.

14) 북한의 '사회주의 노동법' 제1조는 "사회주의하에서 로동은 착취와 압박에서 해방된 근로자들의 자주적이며 창조적인 로동이다. 조선민주주의인민공화국에서 근로자들은 조국의 번영과 인민의 복리와 자신의 행복을 위하여 자각, 정열, 성과, 창발성을 내여 일한다"라고 규정하고 있어, 베트남 노동법에 비하여 현저하게 "노동자는 이미 자본가들의 착취와 압박으로부터 해방된 상태"라는 사회주의적 관념이 견고하다. 북한 노동법의 기본 특징은 근로자의 주체 의식을 튼튼히 무장시키고, 집단주의적 노동생활의 원칙을 철저히 구현하고자 하는 데 있다 할 것이다

리고 정신적 가치를 창출한다. 또한 생산성, 질 그리고 효율성이 높은 노동은 국가의 발전을 결정하는 요인이다. 노동 법규는 근로자 및 사용자의 권리와 의무, 근로규범, 근로규율 및 노동의 사용과 관리의 원칙을 정하여 생산활동에 기여하는 법규이며 따라서 이는 사회의 생산과 나라의 법체계에서 매우 중요한 지위를 차지한다. 1945년 8월 혁명 이래로 제정되었던 베트남의 노동과 관련한 제반 법규를 계승하고 발전시켜온 노동법전은 베트남공산당의 혁신노선을 제도화하고, 베트남사회주의공화국의 1992년 헌법에 명시되어 있는 노동 및 노동의 사용과 관리에 관련한 규정을 구체화하는 법전이다.

노동법은 근로자의 일할 권리, 이익 및 그 외의 권리를 보호하고 동시에 사용자의 권리와 법적 이익을 보호하여 조화롭고 안정된 근로관계를 확립하기 위한 조건을 창출해 정신근로자 및 육체근로자, 더 나아가 합리적이고 능력 있는 노무관리를 발전시켜 노동생산성의 향상, 노동·생산·서비스의 질적 향상과 사회적 진보, 그리고 생산, 서비스, 노동의 사용과 관리에서의 효율성을 확보하기 위하여 정신·육체 근로자와 관리자의 창의력과 재능개발에 도움을 주는 것을 목적으로 한다. 또한 국민 번영, 국력 강화 및 공정한 문명사회 건설을 위한 국가의 산업화와 현대화에 기여하는 역할을 하도록 한다.[15)]

흥미로운 점은 1994년 '노동법' 전문에는 '인민의 번영, 국가의 부강, 공정한 문명사회' 지향이라는 국가 목표만 표기되어 있었으나, 2003년 '노동법'에는 '민주적인 사회'를 추가했다는 점이다.

[리기섭, 『조선민주주의인민공화국 법률제도-노동법제도』(평양: 사회과학출판사, 1994), 62~64쪽].

15) 1994년 베트남 '노동법' 제1조 참조.

(2) 노사관계

① 노동조합의 법적 지위

베트남에서 노동조합의 의미와 위상은 자본주의 국가에서의 그것과는 사뭇 다르다. 베트남 헌법 제10조는 "노동조합은 노동계급의 정치사회조직이며 국가기관, 경제조직, 사회조직과 함께 간부, 노동자, 공무원 및 기타 노동자의 권리를 돌보고 보호하며 국가 및 사회관리에 참가하고, 경제조직 및 국가기관의 활동 감찰·검사에 참가하며 간부, 노동자, 공무원을 교육시키며 조국을 건설·보호한다"라고 규정하고 있어 노동조합을 헌법적 차원에서의 조직으로 보고 있다. 또한 헌법 제111조에서는 "베트남 조국건설 중앙위원회 의장, 베트남 총노동조합연맹 의장과 각 인민단체 대표는 관련 문제 토의 시 정부 회의에 참가한다"고 기술하고 있어 베트남 총노동조합연맹 의장은 정부 회의에 참가할 수 있는 자격을 지니며 정부의 노동조합 관련 정책 결정을 좌우할 수 있음을 알 수 있다.

'노동법' 제153조는 "노동조합이 미 결성되어 있는 현재 조업 중인 사업체는 본 법전 시행 후 늦어도 6개월 이내에, 그리고 신설 사업체의 경우에는 조업 개시 후 늦어도 6개월 이내에 근로자 및 근로자단체의 권리와 이익을 대표하여 보호하기 위해 사업체의 잠정적인 노동조합 조직을 결성해야 한다. 또한 사용자는 노동조합이 최대한 빠른 시일 내에 설립되도록 우호적인 분위기를 마련해야 한다. 기업체 내의 노동조합 설립 및 운영을 방해하는 모든 행위는 금지된다"라고 규정하고 있어 노동조합의 강제설립주의를 채택하고 있다.[16]

---

16) 베트남이 노동조합 강제설립주의를 채택할 수 있는 배경은 노동조합을 노동자 권익의 실질적 보장조직이 아니라, 사회주의 국가이념의 실현체로 규정하기 때문이다. 즉, 베트남에서 노동조합은 단순히 "근로자가 주체가 되어 자주적으로 단결하여 근로조건의 유지·개선, 기타 근로자의 경제적·사회적 지위의 향상을 도모함을

② 단체노동협약

집단적인 근로협약인 단체노동협약[17]은 근로 조건, 노동력의 사용 및 근로관계에 있는 노사 당사자 쌍방의 권리, 이익, 의무에 관한 근로자집단과 사용자 간의 문서협약을 말한다. 단체노동협약은 자유, 평등, 공개의 3대 원칙에 의거하여 체결되어야 하며 그 협약의 내용은 노동 법규 및 그 외의 법령의 규정에 부합되어야 하고, 국가는 노동 법령이 규정하는 조건보다도 근로자에게 유리한 조건을 갖는 협약 체결을 장려한다('노동법' 제44조).

협약 교섭 당사자는 근로자 측 대표와 사용자 측 대표라 할 수 있는데, 근로자 측이란 단위노동조합 집행위원회 또는 잠정적인 노동조합 조직을 의미하는 것이며, 따라서 근로자 측 대표는 단위 노동조합 집행위원회 위원장 또는 동위원회의 위임장을 갖고 있는 자이고, 사용자 측 내지 사용자 측 대표란 사업체의 기업장 또는 사업체 정관을 근거로 위임된 기업장의 대리자 또는 기업장으로부터 위임장을 받은 자를 의미한다. 협약의 교섭에 적절한 대표의 수는 각 당사자 측의 상호합의에 의해서 결정되며, 쌍방과 동수로 해야 한다. 그러나 이러한 협약의 체결은 해당 사업체의 근로자 측의 50% 이상이 교섭 내용에 동의했을 때에만 행할 수 있다('노동법' 제45조).

목적으로 조직하는 단체 또는 그 연합단체"로서의 의미와 위상을 지니는 것뿐만 아니라, "사회주의 국가의 근간인 노동계급의 정치사회적 조직이며, 국가의 제반 기관과 조직의 활동을 감시하여 조국 보호를 그 궁극의 목적으로 하는 국가조직"인 것이다.

17) 단체협약의 법적 성질에 대해서는 ① 관습법 등의 법적 규범으로 보아야 한다는 법규범설, ② 노동조합과 사용자 측 사이의 계약이되, 개별 근로자와 사용자 사이에도 구속력을 미치는 집단적 규범계약이라는 계약설 등이 대립하나, 현대 노동법학에서는 계약설이 통설이다[임종률, 『노동법』(서울: 박영사, 2004), 131~133쪽].

4) 베트남의 노동법제와 글로벌 거버넌스의 개입 사례: 대외적 조치

(1) 미국과 무역협정 체결

미국은 1975년 4월 베트남 공산화 이후 국교 단절과 함께 대베트남 경제제재 조치를 단행했는데, 경제제재 조치는 해외자산 관리, 미국 수출입은행의 지원행위 금지, 원조 금지, 무역 거래 허가제, 수출 통제 등을 그 내용으로 했다. 미국의 대베트남 경제제재는 베트남의 경제 개발에 두 가지 측면에서 매우 심각한 장애물이었다.

첫째, 미국에게 최혜국대우(이하 MFN)를 받지 못함으로써 세계 최대 소비시장인 미국으로 상품을 수출할 경우에 '스무트-홀리 관세법(Smoot-Hawley Tariff Act)」에 따라 평균 40%에 달하는 관세율이 적용되어 공산품 수출에 막대한 지장을 받았다. 그 결과 일반관세율과 MFN 관세율에 차이가 없는 농·임산물, 석탄 등 광산물과 같은 제1차 산업 생산물 수출에만 의존할 수밖에 없었다.[18] 이러한 대미수출 부진은 베트남의 교역 확대에 결정적인 장애가 되었다.

둘째, 미국의 경제제재 조치로 인해 사실상 미국이 주도하고 있는 세계은행, IMF로부터 국제 공적 자금을 일절 지원받지 못했을 뿐만 아니라 서방국가들로부터 양자 간 국제지원도 받을 수 없었다. 소련, 중국 등 사회주의 국가로부터의 국제원조가 중단된 상태에서 국제금융기구와 서방세계로부터 지원을 받지 못한다는 것은 베트남에게는 절대적인 악조건이었다.

대미 수출 활성화를 통한 대외교역의 확대, 국제 공적 자금 지원 등을 위해서 베트남은 최대한 빠른 시일 내에 미국과의 국교를 정상화하여 미-베트남 무역협정을 체결할 필요가 있었다. 이러한 필요에 따라 베트남

---

18) 권율, 「미·베트남 무역협정의 경제적 효과」, ≪베트남연구≫, 제2권(2000), 39쪽.

은 캄보디아 철군을 결정하고, 실종 미군 문제에 대한 해결을 위해 적극적인 노력을 기울였다.[19]

베트남은 이미 1995년 7월 아세안에 가입하고, 1998년 11월에는 아시아태평양경제협력체(Asia-Pacific Economy Cooperation: APEC)에도 가입하여 세계경제로의 진입을 위해 노력해왔을 뿐만 아니라, WTO 가입을 최종 목표로 경제 자유화 및 무역에 필요한 제반 조치를 취했다. 특히 최근에는 미국 시장 진입 시 MFN 대우를 받음으로써 동아시아 경제위기 이후 지속되고 있는 베트남 경제 침체와 외자 유치 부진을 벗어날 수 있는 계기를 만들고자 노력해왔다.[20] 1999년 무역협정 체결 합의에 이어, 2001년 9~11월 미국 상·하의원 및 베트남 국회에서 무역협정을 비준했고, 2001년 12월 미국과 베트남 무역협정 비준서가 교환되어 발효되기에 이르렀다.[21] 베트남은 2007년 1월 WTO 가입을 계기로 한 단계 더 높은 성장률을 기대하고 있다.[22]

(2) 국제경제기구 지원

① 국제금융기구의 지원: 아시아개발은행

오늘날 아시아개발은행(이하 ADB)은 베트남의 노동시장 프로그램 활

19) 법무부, 『베트남 개혁·개방법제 개관』(서울: 법무부, 2005), 182쪽.

20) 권율, 「미·베트남 관계와 베트남의 WTO 가입 전망」, ≪세계경제≫, 제13권(1999), 84~86쪽.

21) 법무부, 『베트남 개혁·개방법제 개관』, 184쪽.

22) 2005~2010년 베트남의 젊은 층 인구가 늘어나기 시작했고, 이들은 베트남 경제의 2/3를 차지하던 농업 부문에서 빠른 속도로 벗어났다. 그러나 베트남의 노동력은 향후 10년 동안 매년 0.6%씩 줄어들 것으로 통계 당국은 전망하고 있다. 베트남이 2020년까지 매년 목표치인 7~8% 성장을 달성하기 위해선 서비스와 제조업 부문의 노동생산성이 매년 4.1%에서 6.4%로 성장해야 한다고 맥킨지는 분석했다(≪머니투데이≫, 2012.2.27).

성화를 위해서 중소기업의 경제활동을 촉진하고 노동에 대한 수요와 공급을 연결할 것을 요청하면서 노동시장에 여전히 개입하고 있다. 근로 환경의 안전 작업 조건, 최저 임금, 사회보장 및 기타 노동기준을 포함해 노동 이주문제가 아시아 국가에서 점점 더 중요한 문제로 나타나고 있고, 이러한 노동문제를 균형적으로 조정하기 위해서는 입법적 조치가 따라야 함을 강조한다.[23]

ADB는 아태지역의 경제성장과 경제협력을 촉진하고 역내 개도국 경제 발전에 기여하는 데 목적을 두고 있다. 따라서 베트남 개발을 위한 공공 및 민간 자본의 투자를 촉진하기 위해 노력했으며, 역내 개도국의 개발사업에 대한 자금 지원 및 경제 개발 계획 조정을 지원했다.

베트남의 경우는 개발 전략을 실현하는 과정에서 국제금융기구의 영향으로부터 자유롭지 못했으며, 이는 국제금융기구의 지원이 베트남에게 중요했기 때문이다. 베트남은 세계은행을 중심으로 하는 협의그룹을 통한 정책적 개입을 받을 수밖에 없었으며, 이는 베트남의 개발전략에 중요한 영향을 미쳤다. 협의그룹은 지원 공여자와 베트남의 사이에 지원정책과 관련된 협의 및 조정을 위해 만들어진 제도로서 베트남 경제성장과 안정, 그리고 프로젝트 지원의 타당성 여부 판단 및 프로젝트 추진 과정에 직간접적으로 관여했다. 따라서 협의그룹은 베트남의 개발전략에 큰 관심을 기울이고 있었으며, 협의그룹에서 핵심적 역할을 수행했던 세계은행과 IMF 양대 국제금융기구들이 커다란 영향력을 행사했다.[24]

---

23) http://www.adb.org/themes/social-protection/key-priorities/labor-markets(검색일: 2012.8.27).

24) 박형중 외, 『국제사회의 개발지원 이론과 실제: 북한개발지원을 위한 모색』(통일연구원, 2008), 46쪽.

② 베트남의 개발 역량 제고

베트남의 개혁 정책 추진 초기인 1980년대 중반~1990년대 후반에 베트남 정부의 빈곤 감소 관련 정책의 수행 역량을 강화시키기 위한 유엔기구의 지원 사례를 살펴보자. 여기에는 개인 능력에 해당하는 기술·지식의 향상, 기관의 역량 강화, 공공정책의 수립과 실행의 일관성 제고, 그리고 제도적 장치 마련의 촉진 등을 위한 활동이 포함된다.[25] 이와 같이 탈사회주의 이행기에 기존의 국가-노동 관계는 그대로 작동할 수 없었으며, 어떤 식으로든 변화의 압력을 받았다.[26]

글로벌 거버넌스의 영향으로 베트남 정부는 2000년 1월 1일 국가개발지원기금을 설립했다.[27] 거버넌스와 경제관리(governance and economic management) 부문에서는 유엔개발계획(이하 UNDP)이 가장 중요한 역할을 수행했는데, 베트남의 체제전환 기간에 베트남 정부에게 상황 분석, 전문지식 및 훈련 프로그램 제공, 다른 개발도상국가들의 경험 교환 기회 등을 제공했다. UNDP는 특히 베트남 정부가 시장경제로의 전환 작업을 추진할 수 있는 역량을 확보할 수 있도록 지원하는 데 초점을 맞췄다. 여기에는 변화를 합법화할 수 있도록 입법체계(legislative framework)를 개혁하고, 공공행정 개혁(public administration reform) 프로그램을 추진하도록 지원하는 작업이 포함되었다.[28]

25) 같은 책, 62쪽.

26) 이한우, 「탈사회주의 이행기 베트남에서 국가-노동 관계」, 385쪽.

27) Asia Development Bank, *Country Economic Review Socialist Republic Of Viet Nam*(ADB, November 2000), p.5 참조.

28) 박형중 외, 『국제사회의 개발지원 이론과 실제: 북한개발지원을 위한 모색』, 62쪽.

(3) 국제 공적 자금 도입과 노동시장 부문의 변화

① 다자간 국제금융지원

국제통화기금(International Monetary Fund: IMF)은 회원국에 대한 융자 지원 시 신용 인출 조건으로 대부분 경제안정 및 성장을 위한 건전한 거시경제 정책 운용과 구조 개혁을 요구하고 있는 바, 베트남에 대해서도 물가 억제, 무역 및 외환 제한 철폐, 국유 기업의 민영화 등의 구조 개혁을 요구했다. 베트남에 대한 IMF의 이러한 구조조정 프로그램 시행 압박은 베트남이 시장경제 질서체제로의 전환을 가속화할 수밖에 없도록 유도했다.

그러나 이러한 강도 높은 IMF의 구조조정 요구는 베트남에 순조롭게 수용되지는 못했다. 2001년 베트남 정부는 IMF에 빈곤 퇴치와 경제 개발에 필요한 4억 2500만 달러의 확대구조조정 융자 차관을 요청하여, 2001년 4월~2002년 6월에 모두 1억 8,200만 달러를 지원받았다. 나머지 2억 4300만 달러 지급을 두고 IMF는 베트남 정부에 베트남중앙은행(State Bank of Vietnam: SBV)이 보유한 외환보유액의 실상 파악을 위한 독자적인 실사를 요구했으나, 베트남 측이 외환 보유 실태를 밝히는 것은 '국가기밀법'에 저촉된다는 이유로 이를 거부했다. 이에 IMF는 2004년 4월 나머지 2억 4300만 달러에 대한 제공을 중단했다. 그에 앞서 IMF는 지난 1996년에도 투명성 부족 등을 이유로 베트남에 대한 차관 제공을 거부한 적이 있다. 이와 같은 사태는 현재 베트남 정부가 개혁·개방을 추진하고는 있으나 국가 경제구조 전체에 대한 투명성 제고에 얼마나 많은 장애가 존재하는지 잘 보여준다.[29)]

세계은행도 1993년 IMF의 자금 지원 재개와 함께 베트남에 대한 지원을 재개했다. 세계은행의 베트남에 대한 개발 지원 사업은 대부분 국제개발

---

29) 법무부, 『베트남 개혁·개방법제 개관』(과천: 법무부, 2005), 203쪽.

협회에 의해 이루어지고 있는데, 이는 세계은행의 업무 지침에 따라 1인당 GNP가 925달러 이하(1996년 기준)인 최빈회원국에 대해서는 IDA가 자금 지원을 담당하고, 그 이상은 국제부흥개발은행(International Bank of Reconstruction and Development: IBRD)이 담당하도록 되어 있기 때문이다.[30)]

② 양자 간 국제 공적 자금 원조

일본은 베트남에 대한 최대 양자 간 원조지원국이며, 전체 양자 간 지원 규모의 약 1/3을 차지한다. 일본은 1959년 남베트남에 대한 지원을 시작한 이래 1978년 12월 캄보디아 침공 때까지 무상차관 90억 엔, 상품차관 100억 엔을 제공했다. 미국의 경제제재 조치 해제 즈음인 1992년 11월에는 455억 엔의 상품차관을 제공하면서 1998년까지 총 10억 5800만 달러를 공여했다. 일본의 금융 지원은 대부분 도로, 전력, 관개시설, 통신망 등 사회 인프라 시설 확충 사업에 집중되고 있다.

일본, 프랑스, 이탈리아, 독일 등 OECD 국가들은 1993년 1월경부터 대베트남 지원국 회의를 개최하면서 1994년 총 6억 달러, 1997년 총 10억 달러, 1998년 총 12억 달러의 원조를 공여했는데, 이러한 금융 지원은 주로 발전소 건설, 국도·철도 개보수 등에 집중되었으며, 연수생 초청 및 전문가 파견 등 기술 협력도 활발히 진행되었다.[31)]

베트남 경제성장에 대한 인구 및 소득 수준을 감안한 공적 개발 원조의 실질적인 규모는 작지 않았다.[32)] 경제 인프라에 대한 높은 공적 개발 원

---

30) IDA와 IBRD에 대한 구체적 내용은 조용득, 『국제경제기구와 세계경제질서』(서울: 형설출판사, 2003), 206~235쪽 참조.

31) 법무부, 『베트남 개혁·개방법제 개관』, 205~206쪽.

32) 서우택, 「공적 개발 원조(ODA)가 경제성장에 미친 효과성에 관한 실증 연구와 그 시사점: 인도네시아, 필리핀, 베트남을 중심으로」, ≪국제개발협력연구≫, 제4권, 제1호(2012), 78쪽.

조 지원은 당시 대외개방 및 무역 진흥을 통한 경제 개발을 추진하던 베트남 정부의 경제 개방 정책인 도이모이 정책과 맞물려 경제 개발에 크게 기여한 것으로 분석된다. 이 같은 베트남의 경우에는 경제 인프라 부문에 대한 공적 개발 원조(Official Development Assistance: ODA)가 경제성장에 실질적으로 기여했으며, 나아가 동 부문에 대한 외국인직접투자(Foreign Direct Investment: FDI) 유발에 긍정적이라는 분석 결과도 여러 연구에서 보고되고 있다.[33)]

3. 베트남 노동법제 개혁 사례가 북한에 주는 시사점

1) 베트남의 노동법제 개혁을 통한 경제체제 구축

(1) 혼합경제체제로의 전환

베트남은 노동자가 국가의 주인이라는 사회주의 경제체제를 취하고 있었기 때문에 노동자는 국가 정책에 따라 국민경제를 위해 일하는 노동 집단의 한 구성원일 뿐이고, 따라서 노동자의 권익과 인권 보장을 위한 별도의 법 규범인 '노동법'에 대한 현실적 필요성이 요구되지 않았다.[34)]

---

33) 같은 글, 78~79쪽.

34) 자본주의 사회의 노동법제는 노동력의 매매를 전제로 하면서 근로자의 기본 3권이라는 권익 보호에 주안점을 두고 있는 반면, 사회주의 사회의 노동법제는 근로자의 권리를 당연히 쟁취된 것으로 보고 근로자의 권익보호보다는 근로대중을 동원하고 당의 정책을 합리화하는 수단으로서의 역할이 강조된다. 말하자면, 국가를 지배하는 이데올로기적 기반에 따라 법의 역할과 성격도 달라진다는 것이다[이철수, 「북한 노동법제의 현황과 전망」, 북한법연구회 외 엮음, 『북한정권 55년: 북한법제의 변화와 전망』(북한법연구회, 2003), 257쪽].

1957년에 공포된 '노동조합법'을 제외하고는 관련 법규가 제정되지 않았고, 개혁 이후에도 '노동조합법'을 1990년에 '노동법'으로 전면 대체할 때까지 별도의 노동법규가 구비되지 않았다. 단지 각료평의회령 제233호로 공표된 '외자기업에 대한 노동규정'에 근거하여 노동·상이군인 및 사회복지부(Ministry of Labour, War Invalids and Social Welfare, 이하 노동부)는 노동부령 제19호로 세부 시행 규정을 발표했을 뿐이다.[35]

그러나 국유 기업이 민영화되고 외국 기업이 들어오면서 베트남의 노동정책도 변화하기 시작했다. 개방 후 두드러진 노동정책의 변화 중 하나가 바로 1994년 '노동법'의 제정이다. 초기에는 1990년 4월 호찌민 시 임시 노동조례와 1990년 6월 공포된 외국인투자법에 명시된 '노사관계에 관한 노동계약조례 및 근로 규정'이 있었을 뿐이었다. 1994년 7월에야 비로소 국회를 통과하여 '노동법'이 제정되어,[36] 1995년 1월 1일부터 효력을 발휘했다. 그리고 2002년 4월 12일 '노동법'을 전면 개정(1차)하고, 뒤이어 2006년 2차, 2007년 3차까지 개정했다. 2006년 '노동법'에서는 노동조합의 유일대표성에 개정이 이루어졌다. '노동법'은 파업을 노동조합 또는 임시 노동조합 집행위원회가 조직하고 주도해야 한다고 명시하면서도, 노동조합이 설립되지 않은 기업에서 노동자들은 스스로 선출한 대표자의 지도하에 파업권을 행사할 수 있도록 허용했다[노동법(2006년 제2차 개정), 제172조]. 이는 노동총연맹 산하에 단일하게 위계를 갖춘 노동체제에서 예외를 인정한 것으로, 기존 노동관계의 변화 가능성을 보여주었다는 점에서 의미가 있다. 그러나 실제로 파업이 일어났을 때, 이 규정이 지켜져 합법적 파업으로 인정될 것인가는 또 다른 문제다.[37]

---

35) 권율, 「베트남 노동정책과 현지화전략」, ≪지역경제≫, 제12권, 제4호(1995), 84쪽.

36) 김은주, 「베트남 노동정책의 특성: 체제유지와 경제 발전에 따른 딜레마 중심으로」 (서강대학교 박사학위논문, 2000), 26쪽.

개혁·개방 이전의 베트남 경제는 사회주의 중앙집권 계획경제 이념에 따라 국가 관리하의 국유 기업을 중심으로 하는 단일경제체제였다. 1986년 도이모이 정책을 채택한 이후 이러한 국영 부문 중심의 단일경제체제는 국가가 관리하는 다부문 상품경제체제로 전환되었다. 2000년 헌법 개정에서는 이러한 베트남 경제체제가 사회주의 지향의 시장경제질서(Socialist-oriented Market Economy)라는 특유의 혼합적 경제체제 개념으로 정리되었다.[38] 국가 형태 측면에서 궁극적인 발전모델은 사회주의로 하되, 현재의 생산력을 발전시키기 위해서는 과도기적 조치로 다부문 경제주체들의 자율적인 경제활동을 보장하는 시장경제체제를 취하는 것이다. 이러한 혼합경제체제를 통해 베트남은 국유 기업의 주식화, 토지에 대한 사실상의 소유권 인정, 민간 기업 및 외국인 투자 기업 비중의 증대를 꾀하는 정책 등을 시행하면서 국가가 일방적으로 주도하는 국영체제에서 벗어나 시장메커니즘이 지배하는 다양한 시장 부문을 형성할 수 있었다.

그러나 국유 기업 개혁의 미흡, 관료들의 부패 청산 및 효율성 제고의 미진함, 금융·증권·외환시장의 후진성으로 인한 고도의 자본시장 부재 등으로 인해 조만간 경제성장의 한계에 봉착할 우려도 적지 않다.[39] 또한 경제체제는 사회주의에서 자본주의로 전환하는 과정에 있지만, 노동조합은 사회주의체제하의 역할을 그대로 고수하는 등 불균형한 모습을 보이고 있다. 따라서 현재 베트남에서는 노동자의 이익이 노동조합에 의해 지켜지는 것이 아니라, 노동자 본인, 언론, 정부 관료의 개입에 의해 조정되고 있다. 정부는 노동자들을 보호한다는 명분을 획득하고, 산업관계의 갈등이 체제 자체에 대한 위협으로 작용하지 않도록 하여 표면적으로 안정

37) 이한우, 「탈사회주의 이행기 베트남에서 국가-노동 관계」, 407쪽.

38) 베트남 헌법 제15조 참조.

39) 법무부, 『베트남 개혁·개방법제 개관』, 226쪽.

적인 정치질서를 유지하고자 한다.[40]

(2) 노동 및 경제 관련 법제 개혁을 통한 혼합경제체제 구축

베트남 개혁·개방 정책의 추진은 개혁·개방 관련 법제의 정비 과정이라고 해도 과언이 아니다. 베트남은 1986년 이후 지속적으로 경제 개혁 관련 법령을 제정 및 개정해왔다. 주요한 법령만 살펴보면, 1987년 '외국인투자법' 제정을 비롯하여, 1988년 농업경제관리 개혁에 관한 결정 10호, 1990년 '회사법'과 '개인기업법' 및 1999년 '통합기업법', 1993년 '토지법' 및 '파산법', '특별판매세법', 1994년 '노동법', '국내투자촉진법' 및 '회사법', 1995년 '민법', 1996년 '협동조합법', 1997년 '상법', '국영은행법' 등 주요 법률이 연이어 제정되었고, 이러한 법률들은 계속 개정 내지 보완되어왔다. '노동조합법'은 1990년 개정되어 시행되었는데, '노동법'이 시행되기 이전에 베트남 사회주의체제하에서 노동관계를 규율했던 법적 근거는 미흡했고, 단지 헌법에 노동자에 대한 포괄적 규정만 있을 뿐이었다.

이러한 근대 법률의 제정 및 시행이 곧바로 실질적인 법치주의 구현이나 법률에 의한 사회 지배를 의미하는 것은 아니라고 해도, 공산당의 정치적 결정이 법률보다 우위에 있던 사회주의 국가의 법 관습으로부터 탈피하는 과정이라고 볼 수 있다.[41]

---

40) 이한우, 「탈사회주의 이행기 베트남에서 국가-노동 관계」, 410쪽.

41) 법무부, 『베트남 개혁·개방법제 개관』, 226~227쪽; 탈사회주의 이행기 베트남의 노동 관련 변화에 대해서는 이한우, 「탈사회주의 이행기 베트남에서 국가-노동 관계」, 384~415쪽 참조.

2) 북한의 노동법제에 주는 시사점

(1) 글로벌 거버넌스의 법제 지원

1990년대 이후 최근까지 서구의 대북지원은 UNDP나 국제 NGO들에 의한 구호물자 지원 위주의 인도주의 원조 사업이 주를 이루고 있으나, 국제 NGO나 대학연구소, EU 일부 국가의 금융기관이 중심이 되어 북한의 경제관료들에 대한 소규모 단기 연수 형태의 시장경제 교육도 부정기적으로 실시해왔다. 따라서 북한은 세계은행과 같은 국제금융기구들과 직접적인 연계가 있는 것은 아니지만 비체계적인 방식으로 초보적인 수준의 1단계 기술 원조를 받고 있는 셈이다.[42]

그렇지만 오늘날 북한이 모델로 삼고 있는 국가는 중국이다. 향후 북한이 개혁·개방을 추진한다면 노동법제에 대해 가장 큰 영향력을 행사할 국가도 역시 중국이다. 베트남은 물론 중국, 동구권 국가 등에서 볼 수 있듯이 개혁·개방은 단선적인 직선의 경로가 아니라 수많은 시행착오를 통해 발전해나가는 나선형의 경로를 보여왔다. 그러한 개혁·개방 경로에서 가장 중요한 계기 내지 분기점이 되는 것은 바로 노동 관련 법의 입법, 변경, 폐지이다. 개혁·개방의 구체적 지침이나 정책이 발효되기 위해서는 경제 관련 법제 개혁의 추진과 함께 노동법제 개혁이 수반되어야 한다.

특히 북한의 개혁·개방 과정과 관련 법제 정비에는 무엇보다 정교하고 구체적이면서 명확한 법제의 마련이 필수적이다. 전문 분야의 고급 노동인력[43]이 부족하고, 시장경제 운영을 경험해본 적이 없기 때문에 북한은

---

42) 최봉대, 「북한 체제전환과 국제금융기구의 기술원조 방안」, 윤대규 엮음, 『북한의 체제전환과 국제협력』(서울: 도서출판 한울, 2009), 208쪽; 이와 관련해서는 조명철·홍익표·김지연, 『체제전환국의 시장경제교육 경험이 북한에 주는 시사점』(서울: 대외경제정책연구원, 2008)의 제3장을 참조 바람.

최소한의 법치주의를 운영하는 것에서도 한계에 봉착할 가능성이 크다.[44] 따라서 북한의 성공적인 개혁·개방을 위해서는 글로벌 거버넌스의 법제 지원이 요청된다. 무엇보다도 북한으로서는 노동 관련 법제를 어떻게 정비할 것인가가 가장 중요한 현실적 문제로 부상할 것이다. 노동 관련 법제의 입법과 시행에서 오류나 오판이 발생하는 경우, 그로 인한 북한의 사회경제적 손실은 이루 말할 수 없이 클 것이며 원활한 개혁·개방의 추진에도 커다란 장애물로 작용할 것이다. 이와 관련해 북한은 '노동보호법'과 '물자소비기준법'을 채택하기도 했다.

2010년 제정된 '노동보호법'은 노동 보호 정책에 의해 가장 인민적인 노동 보호 제도가 마련된 것이라고 천명하고 있다('노동보호법' 제2조). 또한 '물자소비기준법'은 2009년 제정해 시행하고 있는데,[45] 이는 물자 낭비를 없애고 사회주의경제 건설을 위한다는 명목으로 입법되었다. 과학기술이 발전하고 생산과 경영활동이 고도로 현대화되는 데 맞게 물자소비 기준을 낮출 것을 입법으로 강제하는 면모를 볼 수 있다('물자소비기준법' 제6조).

위와 같이 시대 변화에 따라 변화하는 북한의 개혁·개방 관련 법제를 어떻게 지원할 것인지, 정비의 올바른 방향은 무엇이며 어떻게 인도할 것인지 그 방법론을 찾아야 한다. 베트남의 경우, 개혁·개방 추진 과정에서 관련 법제의 정비에 심혈을 기울였기 때문에 시행착오를 상당히 줄일 수 있었다.[46]

---

43) 북한의 노동인력에 대한 개발 및 특성에 관해서는, 조정아, 『북한의 노동인력 개발체계: 형성과 변화』(서울: 통일연구원, 2005) 참조.

44) 북한의 2002년 7·1경제관리개선조치의 실패 사례와 최근에 새로운 경제관리조치로 알려지고 있는 6·28 방침 등을 통해서도 북한의 개혁·개방의 성공 가능성 여부가 쉽게 그려진다.

45) 2009년 11월 11일 최고인민회의 상임위원회 정령 제396호로 채택되었다.

북한도 법제 변화와 관련해 남한과 중국의 도움을 받고 국제기구 및 양자관계를 통한 학습 프로그램을 활용하지만, 법제 정비에 관해서는 스스로 학습하고 시행착오를 경험하며 내적인 역량을 구축한 중국의 방식을 선호하고 있다. 그러나 중국이 자체적인 학습을 통해 내적 역량 강화를 할 수 있었던 경제 전환 초기의 노동 환경과 북한의 노동 환경은 크게 다르다.[47] 중국은 초기 법제 정비 과정에서 외부의 영향력을 제한할 수 있는 동력이 있었지만 북한은 경제를 겨우 운영하는 입장이고 외부의 투자를 미룰 수 있는 여유가 없다.[48] 따라서 외부 투자를 유치하기 위한 법제 정비 진행도 중국보다는 빠르게 진행되어야 하고, 중국과 같은 자체적 시행착오 과정을 통한 법제 정비를 진행시킬 여력은 없을 것으로 분석된다.[49]

북한은 2011년 12월 김정일 사망을 전후하여 '황금평·위화도경제지대법'을 제정하고, 기존의 '나선경제무역지대법'을 대폭 개정하는 등 13개의 대외경제 및 외국투자 관련 법규를 정비하여 외국투자 확대에 대한 의지를 드러내고 있다. 이는 어떤 면에서 출구전략 차원으로 시행된 것이라고

46) 법무부, 『베트남 개혁·개방법제 개관』, 567~568쪽 참조.

47) 중국은 북한에 비해 이미 시장경제제도에 대한 충분한 이해가 전제되었다는 점을 들 수 있겠다.

48) 북한이 '새로운 경제관리체계'를 도입한다고 한다. 이 '체계'가 도입, 정착되어 경제적으로 긍정적 성과로 이어지기 위해서는 수많은 정치적 갈등과 조직 재편, 그리고 경제적 난관이 극복되어야 한다[박형중, 「새로운 경제관리체계의 도입은 판도라의 상자가 열린 것」, ≪Online Series≫(통일연구원, 2012.8.13), 1쪽].

49) 이와 관련하여 최근 경제정책의 변화를 모색하고 있는 북한이 중국에게 지원과 협력을 요청할 것으로 예상되며, 그에 대한 중국의 반응이 향후 북한의 정책 방향에 영향을 미치게 될 것이다. 특히 김정은 체제하의 북한과 중국의 관계가 새롭게 정립되는 계기가 마련될 가능성이 크다[임강택, 「장성택의 방중 성과, 어떻게 평가할 것인가?」, ≪Online Series≫(통일연구원, 2012.8.22), 1쪽].

볼 수 있다. 하지만 근본적인 변화 없이 선언적으로 입법만 하는 것은 큰 의미가 없다. 북한이 외부의 법제 정비 지원의 범위를 제한하고 내적 역량 강화 과정이 길어질수록 투자 유치는 성과를 거두기 어려울 것이고, 법제 정비에도 불구하고 경제 회복의 성과를 올리는 것은 쉽지 않을 것이 분명하다. 더욱이 북한의 핵 개발과 장거리 로켓 발사, 개성공단 내의 북한 근로자 철수 등으로 인한 북한의 외국투자 법제 정비의 의미가 퇴색되었고, 이는 북한이 지향하는 목표 달성에 한계로 작용할 수밖에 없다는 점을 북한 스스로도 알아야 할 것이다.

(2) 남북 간의 협력적 거버넌스 과제

가장 바람직한 것은 북한 자체적으로 개혁·개방을 주도하면서 노동관계를 조율해나가는 것이다. 북한 스스로 체제전환을 할 경우, 노동법제 유형은 대략 세 가지로 모델화될 수 있다. 첫 번째 모델 유형은 베트남 및 중국과 같은 개혁사회주의형이며, 두 번째 모델 유형은 동유럽형인 체제전환형이다. 그리고 세 번째 모델 유형은 사회주의 강성대국을 지향하는 북한형이다.[50] 현재로서 북한은 세 번째 모델인 북한형을 선택할 가능성이 매우 높지만, 차선책으로 베트남 및 중국형을 모색할 것으로 전망된다. 이 경우 글로벌 거버넌스 협력은 쉽지 않을 것으로 예상되며, 노동법제에 대한 개혁으로 북한 체제의 변화를 가져오기는 어려울 것으로 생각된다.

북한 개성공단과 관련한 협력적 거버넌스의 현실을 언급하면, 노동임금 직불제와 노동3권 보장 문제부터 협력의 걸림돌이 되고 있다. 임금 직불제란 개성공단에 입주한 남한 기업이 북한 관리기관이 아닌 근로자에

50) 정영철, 『북한의 개혁·개방』(서울: 도서출판 선인, 2004), 40쪽 참조.

게 직접 임금을 지급하는 방식을 가리킨다.[51] 이미 개성공단 노동규정 제32조에서 직접 지급 방식을 규정하고 있어 법률적으로는 문제가 없으나, 현실적으로 남한 기업과 북한 근로자 사이에 임금 지불은 직접 이루어지지 않고 있다. 한편 동 규정에는 노동자의 노동3권 보장에 대한 어떠한 조항도 담고 있지 않다. 개성공단은 남한의 기업과 북한의 노동자가 상호 고용과 피고용자 관계가 형성된 경제특구지역이다. 노동3권은 자주적인 노동조합이 건설되었을 때 보장 가능하다.

2013년 4월 3일, 북한은 개성공단으로 들어가려는 남한 근로자들에게 허가를 내주지 않고 남한으로 돌아가는 것만 허가를 내주었다. 북한 측은 남한의 도발이 자신들의 존엄성을 훼손했다는 이유로 이 같은 조치를 취했다고 밝혔으며, 남북 정부는 타협점을 찾지 못하고 5월 4일 개성공단에 마지막까지 남아 있던 근로자 일곱 명이 최종 귀환했다. 이후 귀환 조건으로 140억의 체불임금을 지급함으로써 협상이 타결되었다. 개성공단이 가동을 멈춘 지 166일 만인 2013년 9월 16일, 기업인들의 공단 체류와 북측 근로자들의 출근이 동시에 이루어지면서 공단은 재가동되었다.

나아가 남북 통합을 가정해보면, 북한에서 상당 규모의 실업이 발생할 것으로 예상되며, 더 큰 혼란을 막기 위해서라도 적극적 노동정책이 강조되어야 한다. 이를 위하여 통일의 초기 단계에서는 북한 지역의 기존 공장 시설의 가동을 재개하기 위한 지원을 조속히 실시하여 실업의 발생을 최대한으로 억제해야 한다. 또한 민영화를 추진할 때에도 단순히 매각 가치를 극대화하기보다는 고용 측면도 고려해야 할 것이다. 민영화의 진전과 구조조정으로 방출되는 노동력은 사회간접자본 시설의 건설 등 공공건설

51) 남한 정부는 유엔 안전보장이사회 대북 제제 결의 이행 차원에서 2006년 10월, 개성공단 북한 근로자 임금 직불제 추진 등을 위해 유엔 제재위원회에 보고한 바 있으나(≪한국일보≫, 2006.10.20), 아직까지 직불제는 실현되지 않고 있다.

부문으로 흡수하는 방안이 거버넌스 차원에서 모색되어야 한다.

북한 지역 노동자의 취업을 지원하기 위한 학교 교육 및 직업훈련도 중요한 과제이다. 학교 교육은 시장경제체제의 작동원리 등 새로운 체제에 대한 이해와 적응 능력을 배양하는 한편, 기술 교육 등을 실시하여 졸업 후 즉시 취업으로 연결될 수 있도록 진행되어야 할 것이다. 또한 북한 지역의 취업자 및 실업자 등을 대상으로 한 기술훈련과 재교육도 동시에 이루어져야 한다. 이를 위하여 공공직업훈련원을 설립하여 운영하는 한편, 이에 참여하는 노동자들에 대해서는 최저생계비 수준의 훈련수당을 지급하여 훈련에 참여할 유인을 제공하는 것이 바람직하다. 고용 창출을 위한 투자 유인의 제공 및 투자 장애요인의 제거도 조속히 이루어져야 하며, 자영업의 확대와 중소기업의 창업 지원도 중요하다. 또한 일정한 연령층에 대해서는 직업훈련을 받는 경우 혹은 공공건설 부문에 참여하는 경우에만 실업수당을 지급하는 방안도 고려할 필요가 있다. 더 나아가 개인에게 실업수당을 지급하는 대신 기업에 고용보조금의 형식으로 지급함으로써 실업을 줄이는 한편 노동자의 훈련을 촉진하는 방안도 검토할 필요가 있다.

4. 결론

체제전환 이전 전통적인 사회주의 국가였던 폴란드, 헝가리, 체코의 노동 관련 법제 개혁은 글로벌 거버넌스 차원의 대외적 조치에 의한 법제 지원보다 자체적으로 시장경제의 논리에 순응하기 위해 자구적 차원에서 추진된 것으로 분석된다. 대부분의 동구 유럽 체제전환국은 대내적 필요에 의한 체제 순응적 차원에서 정치민주화를 실현하여 사회주의 체제를 청산하려 노력했고, 경제적으로는 노동 관련 법제에 대한 개혁을 가장 우선시하여 시장경제체제로 바꾸려 했다.

하지만 베트남은 동구 유럽 체제전환국과는 달리 정치적으로 여전히 사회주의 국가를 표방하면서 경제적으로 시장경제 요소를 도입하는 중국 모델을 따르고 있다. 이에 글로벌 거버넌스 차원에서 법제 지원 등 대외적 조치가 취해졌다.

최근 들어 국제사회가 요구하는 수준은 더욱 까다로워졌다. 포괄적인 법제 정비를 위해 단순한 법률의 도입보다는 '굿 거버넌스(good governance)' 구축 차원에서의 법률 시스템 정비를 요구하고 있다. 따라서 국제사회의 자금 지원이나 기술 지원을 받기 위해서는 국제사회가 요구하는 법률 교육이나 법 제정 과정, 법 이행 등을 정비해야만 하는 과제를 안게 된다. 베트남은 국제사회의 지원을 받기 위해 노동법제를 개혁하면서도 사회주의 국가 형태를 유지하고 자본주의 시장경제를 수용하는 매우 유의미한 형태의 체제전환을 이룬 국가로 평가되고 있다.

결론적으로 베트남의 노동법제 개혁이 북한에 주는 시사점을 정리해 보면 다음과 같다. 통일 이후 북부의 사회주의 경제체제를 남부에 그대로 이식하려 했던 베트남은 사회주의 경제체제 자체의 모순과 남부의 저항으로 인해 경제체제를 수정해야 할 상황에 직면했다. 더욱이 1978년 캄보디아 침공과 중국과의 전쟁, 미국을 비롯한 각국의 경제제재 조치, 소련을 비롯한 동유럽 국가로부터의 원조 삭감 등은 베트남 경제를 더욱 곤경에 빠뜨렸다. 따라서 종전의 사회주의적 경제 관리로는 경제회복이 불가능했다. 이에 따라 베트남은 시장경제화를 통한 경제성장을 도모하여 사회주의로 이행한다는 전략을 천명하고, '시장'의 원리를 도입하여 경제를 활성화시키기 위해 글로벌 거버넌스의 법제 지원을 통해 개혁·개방의 실질화를 유지시켜왔다. 이 점이 북한에 주는 큰 교훈이라고 할 것이다.

북한에 대한 국제사회의 법제 개혁 지원이 이루어질 경우, 국제사회와 북한 당국이 일정한 합의점을 찾아야 할 것이다. 일차적으로는 북한 당국이 지속적인 개방 의지를 표명해야 하고, 이를 바탕으로 내부적으로 국제사회의 요구를 받아들일 수 있는 부문을 도출해 해당 부문에서만큼은 시장경제제도로의 법제 전환을 위해 노력해야 한다.

참고문헌

〈국문〉

권율. 1995.「베트남 노동정책과 현지화전략」. ≪지역경제≫, 제12권, 제4호.

_____. 1999.「미·베트남 관계와 베트남의 WTO 가입 전망」. ≪세계경제≫, 제13권.

_____. 2000.「미·베트남 무역협정의 경제적 효과」, ≪베트남연구≫, 제2권.

김은주. 2000.「베트남 노동정책의 특성: 체제유지와 경제 발전에 따른 딜레마 중심으로」. 서강대학교 박사학위논문.

리기섭. 1994.『조선민주주의인민공화국 법률제도-노동법제도』. 평양: 사회과학출판사.

박형중 외. 2008.『국제사회의 개발지원 이론과 실제: 북한개발지원을 위한 모색』. 서울: 통일연구원.

박형중. 2012.「새로운 경제관리체계의 도입은 판도라의 상자가 열린 것」. ≪Online Series≫. 통일연구원(2012.8.13).

백학순. 2003.『베트남의 개혁·개방 경험과 북한의 선택』. 성남: 세종연구소.

법무부. 2005.『베트남 개혁·개방법제 개관』. 서울: 법무부.

서우택. 2012.「공적 개발 원조(ODA)가 경제성장에 미친 효과성에 관한 실증 연구와 그 시사점: 인도네시아, 필리핀, 베트남을 중심으로」. ≪국제개발협력연구≫, 제4권, 제1호.

윤대규. 2006.『법제도 개혁을 위한 국제금융기구의 지원에 관한 연구』. 서울: 한국법제연구원.

이철수. 2003.「북한 노동법제의 현황과 전망」. 북한법연구회 외 엮음.『북한정권 55년: 북한법제의 변화와 전망』. 서울: 북한법연구회.

이한우. 2010.「탈사회주의 이행기 베트남에서 국가-노동 관계」. ≪민주주의와 인권≫, 제10권, 제3호.

임강택. 2012.「장성택의 방중 성과, 어떻게 평가할 것인가?」. ≪Online Series≫. 통일연구원(2012.8.22).

임을출. 2012.「국제기구의 중국·베트남 시장경제법제 개혁 지원사례: 북한 적용과 시사점」. ≪통일정책연구≫, 제21권, 제2호.

임종률. 2004.『노동법』. 서울: 박영사.

정영철. 2004.『북한의 개혁·개방』. 서울: 도서출판 선인.

조명철·홍익표·김지연. 2008.『체제전환국의 시장경제교육 경험이 북한에 주는 시사전』. 서울: 대외경제정책연구원.
조용득. 2003.『국제경제기구와 세계경제질서』. 서울: 형설출판사.
조정아. 2005.『북한의 노동인력 개발 체계: 형성과 변화』. 서울: 통일연구원.
최봉대. 2009.「북한 체제전환과 국제금융기구의 기술원조 방안」. 윤대규 엮음.『북한의 체제전환과 국제협력』. 서울: 도서출판 한울.
최은석. 2008.「북한의 체제전환과 남북관계 발전에 관한 법제도」.『북한의 체제전환과 법제도』. 서울: 도서출판 한울.
≪머니투데이≫, 2012년 2월 27일 자.
≪한국일보≫, 2006년 10월 20일 자.

〈영문〉

Asia Development Bank. 1995. *Country Operational Strategy: Viet Nam*. ADB.
______. 2000. *Country Economic Review Socialist Republic Of VietNam*. ADB.
______. 2012. *Country Partnership Strategy: Viet Nam 2012~2015*. ADB(July 2012).
Nham Tran. 1998. *Such is Vietnam: Renovation and Economic Development*. Hanoi, Vietnam: National Political Publishing House.
Womack, Brantly. 1996. "Vietnam in 1996: Reform Immobilism." *Asian Survey*. University of California Press.
http://www.adb.org/themes/social-protection/key-priorities/labor-markets(검색일: 2012.8.27).

제4장

체제전환에 따른 중국 인권법제 변화와 국제협력

민 경 배

1. 서론

지난 세기 말에 발생한 사회주의 국가의 체제전환은 국제질서에 엄청난 변화를 가져왔고, 개별 국가는 국제사회에서 고립되어서는 생존하기 어려운 환경으로 점차 바뀌었다. 정치적·경제적 분야를 포괄하는 전면적인 전환을 도모한 사회주의 국가가 있었는가 하면, 정치 영역의 변화는 최소화하면서 경제 영역에서 개혁을 적극적으로 추진한 국가도 있었다. 체제전환국들은 세계시장경제 질서에 편입하기 위해 국제사회 규범과 질서를 준수하는 국제화체제를 수용해야 했고, 국내 시장을 개방하고 경제 개발을 추진하려면 국제기구나 서방국가의 개발 지원과 투자가 절실했다. 그래서 체제전환국들은 국제기구 및 특정 개별국가와 다자/양자 간 협력관계를 유지하며 글로벌 거버넌스에 동참했다. 체제전환국을 지원한 국제기구나 개별 국가는 지원 및 협력의 주요 원칙으로 민주적 가치의 확산과 인권 존중을 내세웠다. 1990년대 이래 인권문제는 유엔을 중심으로 모든 국제관계에서 중요한 의제로 자리매김했기 때문에 체제전환국가 국제사회의 일원으로 진출하려면 자국의 인권문제를 개선하기 위한 제도화에 노력을 기울여야만 했다. 이에 따라 체제전환국은 국제사회에서 보편적 가치로 규정된 인권 개념을 반영한 국내 법질서를 구축해야 했고, 인권 개선을 위한 기본적인 원칙인 법치주의 확립과 독립된 사법체계 구축을 위한 법제도를 마련해야 했다.

체제전환국의 유형에 따라 인권법제 상황은 상당한 차이를 보였다. 즉, 정치체제를 포함한 전반적인 체제전환을 진행했던 소련을 비롯한 유럽의 체제전환국들과는 달리, 공산당 영도 원칙을 고수하면서 경제체제전환만을 점진적으로 이행하고 있는 중국의 경우에는 인권 개선에 대한 국제사회로부터의 압력이 상대적으로 빈번하게 나타났다.

이 글은 유럽의 체제전환국들보다는 중국의 사례가 북한의 체제전환과 인권법제 구축과 관련해 좀 더 유익한 시사점을 제공한다는 판단하에 중국의 체제전환에 따른 인권법제 구축 경험과 그에 대한 국제적 지원 및 협력에 대해 다루고자 한다.

우선, 중국이 어떤 목표 아래 어떤 수단을 활용하여 체제전환을 진행했는지, 체제전환은 인권문제에 어떤 영향을 미쳤는지 그 상관관계를 살펴보고, 이를 바탕으로 중국의 국내 인권법제와 중국의 인권 개선을 규율하는 국제인권규범은 무엇인지 검토한다. 다음으로 중국의 인권법제 확립을 위해 국제기구 및 개별 국가 등이 어떤 지원을 했는지 분석한다. 이를 바탕으로 향후 북한의 체제전환과 인권법제 개선을 위한 방향 및 내용, 그리고 이를 위한 글로벌 거버넌스의 성공적인 협력에 대한 시사점과 정책적 대안을 모색한다.

2. 중국의 체제전환과 인권

1) 중국 체제전환의 과정과 내용

중국의 체제전환은 당의 정책 중심이 생산관계에서 생산력, 즉 계급투쟁에서 생산력 향상을 위한 경제 건설로 이동하면서 본격화되었다. 중국의 체제전환은 계획경제체제에서 점진적으로 시장경제체제로 전환하는 방식으로 진행되었고, 그 과정에서 정치체제의 근본적인 변화, 특히 공산당 영도 원칙은 개혁 대상에서 배제되었다는 특징이 있다.[1]

중국 체제전환은 1978년 12월에 개최된 제11기 제3차 중국공산당 중앙위원회 전체회의에서 당의 정치노선이 창당 이래 네 번째로 수정되면서 시작되었다.[2] '날로 증가하는 인민들의 물질적·문화적 요구와 낙후된 사회생산 사이의 모순(人民日益增長的物質文化需要同落後的社會生産間之矛盾)'[3]을 중국 사회의 새로운 주요 모순으로 규정한 것이 경제 영역에서의

---

1) 민경배, 「체제전환국 법제의 특징과 구조」, ≪통일문제연구≫, 통권46호(2006), 249쪽.

2) 중국공산당은 1937년 이래 네 차례에 걸쳐 중국 사회의 주요 모순을 새롭게 규정함으로써 중국공산당과 중국 인민의 주요 임무 또한 네 차례 수정했다. 1937 ~1945년의 주요 모순은 국민당정부를 포함한 '중국 인민과 일본' 사이의 모순이고, 주요 임무는 '일본 침략의 격퇴'였다. 1945~1949년의 주요 모순은 '공산당과 국민당' 사이의 모순이고, 주요 임무는 '국민당 정권의 타도'였다. 1949~1978년의 주요 모순은 '무산계급과 자산계급' 사이의 모순이고, 주요 임무는 '계급투쟁'이었다[楊先材 主編,『中國革命史(第二版)』(北京: 中國人民大學出版社, 1995), 第300頁, 第385頁; 毛澤東, 「工人階級與資産階級的矛盾是國內主要矛盾」, 『毛澤東選集 第五卷』(北京: 人民出版社, 1968), 第65頁].

3) 1982년 제정된 '중국공산당장정[中國共産黨章程, 이하 당장(黨章)으로 약칭]'은 1992년, 1997년, 2002년 그리고 2007년 네 차례에 걸쳐 부분 수정되었음에도 주요 모순에 대한 정의에는 변함이 없었다. 당장의 총강 제7단에 "현재 단계에서 우리사회의 주요

체제전환의 근거이자 출발이다. 당면한 새로운 주요 모순을 해결하기 위해 공산당은 '사회주의 현대화 건설'을 당의 정치노선으로 채택하고 국가의 근본 임무로 규정했다.[4] 근본 임무를 실현하기 위해서는 경제 건설이 요구되었고, 이에 따라 공산당은 2025년(이후 2050년으로 수정)까지 동원 가능한 모든 수단을 사용하여 지상 목표가 된 당의 정치노선을 실현해야만 했다. 이를 위한 가장 강력하고도 유력한 수단으로 시장경제체제의 구축과 효율성 제고를 위한 대내개혁과 대외개방이 요구되었다.[5] 공산당은 1979년 제정한 농업 개혁에 대한 당 정책에 따라 농촌 전역의 인민공사를 폐지하고, 가정 단위 계약생산책임제(家庭聯産承包制)를 실시하면서 대내개혁을 시작했다.[6] 하지만 대내개혁과 대외개방을 추진할 방향과 방법 등을 담고 있는 구체적인 프로그램은 마련되어 있지 않았다. 이 문제에 대한 해결책은 1980년대 초 덩샤오핑(鄧小平)이 제시한 '사회주의 초급 단계론'에 나타나 있다. "중국은 (정치체제에서는 선진적) 사회주의로 진입했

모순은 …… (在現階段, 我國社會的主要矛盾是人民日益增長的物質文化需要同落後的社會生産之間的矛盾)"라고 규정하고 있다[編寫組, 『十七大黨章學習讀本』(北京: 人民出版社, 2007), 第3頁].

4) 현행 중국 헌법 전문 제7단은 "오늘날 국가 근본 임무는 …… 역량을 집중하여 사회주의 현대화 건설에 박차를 가하는 것이다(今後國家的根本任務是 …… 集中力量進行社會主義現代化建設)"라고 규정하여 당의 정치노선을 국가와 국민(公民)의 임무로 제시하고 있다.

5) 민경배, 「중국의 노동법제 발전을 통해 본 북한의 노동법제 변화 전망」, ≪통일정책연구≫, 제19권, 제1호(2010), 182~183쪽.

6) 1982년 헌법의 인민공사 조항(제8조 제1항)은 1988년의 제1차 개정에서도 존속했지만 1993년 개정에서 비로소 폐지되었다는 점에서 흥미롭다. 10여 년 동안 중국은 위헌적인 상황에서 농업 개혁을 실행한 것이지만 어떤 기관이나 인민들로부터도 문제가 제기되지 않았다. 이는 당초 체제전환의 명확한 계획이 없었다는 의미일 것이다[민경배, 「중국의 공산당정책(규범)과 국가법의 관계」, ≪공법학연구≫, 제5권, 제3호(2004), 429쪽].

지만 여전히 (경제 영역에서는 생산력이 낮은) 초급 단계에 놓여 있다"는 그의 주장[7]으로 시장경제체제로의 전환은 이데올로기적 정당성을 확보했다. 이 이론에는 생산력 제고를 위해 자본주의와 사회주의는 장기간 공존해야 하며, 중국은 선진 자본주의 국가로부터 선진 과학과 기술, 경제관리법을 배워야 한다는 것이 강조되었다.[8] 심지어 자본주의의 착취적 본성이라고 이해해왔던 잉여가치 법칙도 사회주의 기업에 도입하여 노동생산력 제고를 위한 수단으로 수용할 필요가 있다는 주장까지 제기되었다.[9]

중국은 선진 기술과 외국 자본을 유치하기 위한 개방이 절실했고, 계획경제의 폐단을 제거하고 비능률적인 국유 기업의 효율성을 향상시키기 위해 민영화를 통한 시장경제체제로의 전환이 불가피했다. 이에 중국은 대외개방을 함으로써 세계경제에 합류했고, 국내적으로도 상품경제를 인정하며 시장경제체제를 도입했으며, 생산수단에 대해서는 공유제를 기본으로 다양한 소유 형태를 수용했다. 이 같은 중국식 사회주의 시장경제체제로의 전환은 인권을 포함한 다양한 분야의 규범적 토대를 필요로 했다. 이러한 사실은 '체제전환이 바로 법치(法治)'라는 중국의 주장[10]에서도 확인할 수 있다.

---

7) 鄧小平, 「一切從社會主義初級段階的實際出發」, 『鄧小平文選 第三卷』(北京: 人民出版社, 1993), 第251頁.

8) 사회주의 초급 단계의 특징(二多一少三不)은 여전히 구사회의 흔적과 문맹과 반문맹이 많고(二多), 공산주의적 요소가 적으며(一少), 경제가 발전하지 못했고, 제도가 미성숙하여 사회주의적 성격도 불안정하다는 점이다(三不). 따라서 생산력 향상을 통해 사회주의 강국을 건설하는 수밖에 없다는 의미이다[王文昇, 「社會主義初級段階的含義, 特徵和歷史地位」, 『社會科學 第六期』(四川: 1987), 第5頁].

9) 이희옥, 『중국의 새로운 사회주의 탐색』(서울: 창비, 2004), 79쪽.

10) 李曙光, 『轉型法律學: 市場經濟的法律解釋』(北京: 中國政法大學出版社, 2004), 江序 참조.

2) 중국의 인권관

1978년 제11기 제3차 중국공산당 중앙위원회 전체회의 이래 추진되었던 경제체제전환으로 세계화에 적극적으로 편승한 중국은 국내 인권문제에 대한 서방세계의 비판을 더는 무시하지 못했다. 그렇다고 중국이 '인권의 보편성(Universalität der Menschenrecht)'[11]에 전적으로 동조했던 것은 아니다. 본래 인권은 국가 또는 법률에서 나오는 것이 아니라 이미 존재하는 전(前) 국가적이고 천부적인 인간의 고유한 자연적 권리로 인정되어, 국가와 법률은[12] 이를 확인하고 보호하는 역할을 할 뿐이라는 '서구적' 이념을 바탕으로 제도화되었다.

인권의 보편성에 대해 중국의 입장은 인권은 반드시 각 국가의 구체적인 상황과 결합되어야만 한다는 것이다. 인권은 국가와 민족의 역사적 산물이기 때문에 인권문제 역시 각 국가마다 다른 형태와 내용으로 제기되며, 각 국가의 인권에 대한 이해와 인권 보장을 위한 정책도 차이가 날 수밖에 없다는 것이다. 중국의 인권관은 인간의 자연적 속성보다는 인간의 사회적 속성이 강조되며, 인권은 보편적 특성보다 계급적 특성이 근본적이라는 관점에서 서구의 자유주의적 인권을 부르주아의 특권으로 규정한

11) '인권의 보편성' 문제는 다른 나라의 인권 상황에 대한 비판 근거로 자주 이용되는데, 이러한 비판이 인권 침해에 대한 정당한 개입이라는 주장과 내정 간섭이라는 입장이 대립하는 경우가 일반적이다. 인권을 뒷받침하는 윤리적·정치적 규범이 상이한 문화 속에서 통일성을 갖출 수는 없기 때문에 범세계적으로 특정한 인권 개념이 유효하다고 주장하기는 힘들다. 따라서 인권의 보편성에 찬동하지 않는 서구 학자의 주장도 눈여겨 볼 필요가 있다[Ludger Kühnhardt, *Die Universalität der Menschenrechte, 2. Aufl.*(Bonn: Bundeszentrale für positische Bildung, 1991), S.135].

12) 인권에 대한 서구의 이념적 발전에 대해서는 민경배, 「서구 인권사상의 역사적 발전과 현황에 대한 고찰」, ≪공법학연구≫, 제3권, 제1호(2001), 297~326쪽.

다.[13] 따라서 중국 지도부는 인권 보장을 실현하는 근본적인 수단으로 사회 진보와 안정 및 경제 발전을 지적하고 있다. 즉, 사회 안정이 없는 경제 발전, 그리고 경제 발전이 없는 사회적 진보는 불가능하며, 사회적 진보 없이 인류가 자신의 인권을 진정으로 장악한다는 것은 공허한 이야기에 불과하다는 주장이다.[14]

그래서 중국은 가장 중요하고도 진정한 인권은 바로 생존권과 발전권이라고 주장한다. 생존권과 발전권이 없는 기타 인권 항목은 논의의 대상이 아니라는 것이다. 생존권이란 단지 경제생활에만 관련된 것이 아니라 생존을 유지하는 데 필수적인 정치, 문화 등 다방면의 내용을 포함하는 것으로 일종의 종합적이고 기본적인 권리이다. '온화한 최저생활'을 유지하는 것만으로 생존권이 보장된다고 보지 않는다는 것이다. 진정한 의미의 생존권 보장을 위해 중국은 1978년 이래 '형법', '민법통칙」, '혼인법', '미성년자보호법', '모자보건법', '노동법', '소비자권익보호법', '국가배상법' 등을 제정 및 개정했다고 주장한다.[15]

발전권 역시 중요한 인권으로 이해하는 중국은 국가, 사회 그리고 개인의 전면적인 발전이 없다면 인권 자체가 존재하지 않는다고 본다. 따라서 발전권은 개인 권리와 집단 권리의 종합으로서 생존권의 연장선상에 있는 불가침의 기본 인권이기 때문에, 특히 개발도상국가의 관심 대상이 될 수밖에 없다고 주장한다. 이러한 배경을 바탕으로 유엔은 1986년 제41차 총회에서 '발전권'[16]을 하나의 불가침 권리로 수용했고, 이에 따라 '발전

---

13) 王月明, 『憲法學基本問題』(北京: 法律出版社, 2006), 第252頁.

14) "江澤民暢談國際國內大事", ≪人民日報≫, 1991.11.2.

15) 董云虎·常健 主編, 『中國人權建設60年』(南昌: 江西人民出版社, 2009), 第38~40頁.

16) '발전권(發展權, Right on Development)'은 주로 개발도상국의 주창에 의해 제기되어 상당 기간 유엔에서 논의를 거쳤으며, 1986년 유엔 총회에서 협약이 아닌 선언

권은 국가와 국가를 조직하는 개인의 특유한 권리'로 규정되었다. 또한 발전권은 집단적 권리로서 민족자결권의 연장, 특히 개발도상국의 경제, 정치, 사회, 문화 등 다양한 영역의 자결권으로 인정받고 있다.[17] WTO 가입으로 이미 세계경제체제에 편입한 중국은 인권 내용에 대한 자신들만의 주장을 견지하면서, 한편으로는 세계 차원에서의 원활한 경제 교역을 위해 서구가 주장하는 시민적·정치적 권리에 대한 인권법제 구축에 전향적인 태도를 점진적으로 취할 수밖에 없었다.

3) 중국 체제전환과 인권의 상호관계

중국의 체제전환은 기존 계급투쟁 노선에서 벗어나 경제 건설에 주안점을 둔 공산당의 결정이었다. 중국의 국내 개혁은 전체주의적 통제 기제의 약화, 국가와 개인 간의 관계 변화, 개인 공간의 확대 등으로 나타났고, 이는 인권 신장에 상당히 기여했다. 한편, 중국은 대외개방을 통해 세계경제의 일원이 됨으로써, 국제협력을 통한 지속적인 경제성장을 위해서는 인권문제에 대한 외부 세계의 간섭과 압력을 외면하기 어려워졌다. 이

형태로 '발전권에 관한 선언(Declaration on the Right to Development)'이 채택되었다. 그에 따라 개발권이 천부적인 인권이면서 기타 인권을 실현하는 전제이고 또한 결과로 인정되었다(동 선언문 제1조). 이에 중국학자들은 발전권을 생존권과 함께 가장 우선적인 인권(首要人權)이자 동시에 기타 인권을 향유하는 기초라고 규정하면서, 생존권과 발전권이 없는 다른 모든 인권에 대한 논의는 빈말에 지나지 않는다고 주장하고 있다. 그래서 북한 인권문제에 대한 논의에서도 북한이 발전을 도모할 수 있는 국제적 환경 조성과 더불어 생존권과 발전권에 대한 근본적인 문제를 해결하는 대책을 강구하는 것이 필요하다고 주장하고 있다[같은 책, 第38頁; 김경일, 「중국의 개혁·개방과 인권사업」, 국가인권위원회·경남대학교 극동문제연구소 주최, 북한인권 국제심포지엄 발표문(2006.11.30), 120~121쪽)].

17) 董云虎·常健 主編, 『中國人權建設60年』, 第30~40頁.

에 중국은 인권과 관련해 적극적으로 법제적 대응을 해왔다. 체제전환에 따른 중국의 이러한 변화는 중국 인민의 시민적 권리와 사회적 권리에 직간접적으로 영향을 미치는 요인으로 작용했으며, 이는 개혁·개방과 인권은 상호 밀접한 인과관계에 놓여 있음을 보여준다.[18)]

체제전환 과정에서 중국은 대내외적 신뢰를 확보하기 위해 사회제도의 예측 가능성을 제시해야 했다. 예측 가능성의 담보는 다양한 영역의 법제화에 달려 있다. 따라서 중국은 체제전환 과정에서 변화한 대내외적 환경에 적응하기 위해 '법에 의한 통치(依法統治)'를 헌법에 규정했으며, 당과 국가기관의 통치 행위는 법률에 규정된 범위 내에서 수행되도록 했다.[19)] 인권 관련 국제규범을 무시하거나 국제인권활동에 무관심했던 중국은 체제전환에 따른 세계화체제에의 편입을 계기로 국제인권규범 수용의 압력에서 더 이상 자유로울 수 없었고, 인권에 대한 국내 법제화를 점진적으로 추진했다. 여전히 제한이 많지만, 중국에서 시민적 권리는 점진적이지만 뚜렷하게 개인의 공간을 확대해나가는 방향으로 나아가고 있다. 반면에 경제체제전환으로 국가의 보호가 축소되면서 취약계층에 대한 사회적 권리 보장은 오히려 위축되었다.

중국은 국내의 사회적 변화와 함께 국제관계에서도 국제적 내지 보편적 기준에 따른 행동 양식과 대응방식이라는 이전과 전혀 다른 요구에 직면했다. 즉, 중국이 자신의 인권에 대한 국제사회의 압력과 간섭을 경제적 체제전환의 성공적인 성과를 위해 더 이상 간과할 수 없다는 의미이

---

18) 중국 개혁·개방과 인권의 상호 인과관계에 대해 좀 더 상세한 내용은, 이금순·김수암, 『개혁개방 과정에서 인권 의제: 이론과 실제』(서울: 통일연구원, 2006), 121~185쪽.

19) 이는 중국 현행 헌법 제5조 제3항의 "어떤 조직 혹은 개인도 헌법과 법률을 초월하는 특권을 가질 수 없다(任何組織或者個人都不得有超越憲法和法律的特權)"라는 규정에서 확인할 수 있다.

다. 안정적인 경제 발전의 추진과 국제적인 지위 고양을 위해 중국은 국제인권 레짐에의 참여를 피하기 어려워졌다. 개혁·개방을 통한 지속적인 경제성장의 필수 조건인 국제협력의 필요성을 감안할 때, 특히 1989년 텐안먼(天安門) 사건을 계기로 더욱 강화된 유엔인권 레짐의 압력 – 국제인권규범의 수용 압박 – 은 결국 중국이 여러 유엔 인권 조약에 가입하는 결과로 나타났다.

중국의 체제전환과 인권의 상호관계를 종합해보면 다음과 같다. 중국의 체제전환은 인권에 대한 당국의 인식과 정책에 점진적인 변화를 불러왔고, 그에 상응하여 대내적으로는 헌법을 비롯한 인권 관련 법령들의 제정 및 개정을 통해 인권의 법제화가 추진되었으며, 대외적으로는 국제인권규범의 순차적인 수용이라는 결과로 이어졌다. 중국의 체제전환이 개혁·개방을 통해 진행되면서 대내외 환경 변화를 야기했고, 이는 결국 인권 보장에 대한 국내 법제화와 국제인권 레짐의 참여를 견인하는 추동력으로 작용했다고 평가할 수 있을 것이다.[20)]

3. 인권에 대한 중국 법제

중국이 국민의 인권 보호와 증진을 위한 정책을 법제도적으로 정비한 인권법제는 체제전환에 따른 사회 내부의 구조적 변화와 대외 조건의 수용에 적극적으로 대응하면서 생성된 결과물이라고 평가할 수 있다. 체제전환 초기인 1982년 전면적으로 개정된 중국 헌법과 그 후 이어진 몇 차

---

20) 민경배, 「개혁·개방에 따른 중국 인권법제의 변화와 북한에 대한 시사점」, 북한인권연구센터 엮음, 『북한인권 이해의 새로운 지평』(서울: 통일연구원, 2012), 370~375쪽.

례의 수정을 통해 인권법제화에 대한 중국의 의지와 대강의 내용을 확인할 수 있다. 일반적으로 헌법은 '국가적 과제로 인지되어야 할 지도[적 기본] 원리를 제시하고 [한 국가의]21) 전체 법질서 개요를 규정'22)하는 국가 기본법이기 때문이다. 따라서 여기서는 중국 헌법의 변화와 내용을 기초로 한 인권 관련 법제 구축과 세계화체제의 편입에 따른 국제인권규범의 수용 내용을 검토한다.

1) 국내 법제

체제전환의 진행에 따라 1982년 전면 개정된 중국 헌법은 건국 이래23) 최초로 '국민(公民)의 기본권 조항'을 국가기구 조항 앞에 배치하고, 국민의 기본권을 규정한 조문 수는 기존 12개(1978년 헌법)에서 18개로 확대시켜 헌법 차원에서 보장되는 국민의 기본적 권리를 양적으로 대폭 늘렸다.24) 이는 체제전환에 따른 중국의 인권 보장과 관련하여 가장 주목되는 변화로 확인된다. 이러한 법제적 변화는 국가 근본 임무인 '사회주의 현대

21) [ ]는 원문에는 표현되어 있지 않으나 의미를 더 정확하고 충실하게 전달하기 위해 필자가 임의로 추가한 내용임을 밝힌다.

22) Konrad Hesse, *Grundzüge des Verfassungsrechts der Bundesrepublik Deutschland, 20. Aufl.*(Heidelberg: C. F. Müller Verlag, 1999), S.10.

23) 1982년 헌법 이전에 1949년 제정된 잠정적 성격의 헌법인 '中國人民政治協商會議共同綱領', 1954년 헌법, 1975년 헌법, 1978년 헌법 등이 있었다. 전통적인 사회주의 헌법 형식에 따라 이들 헌법은 '공민의 기본적 권리와 의무' 조항을 국가기구 뒤에 규정했었다. 구체적 내용은 陳荷夫 編,『中國憲法類編』(北京: 中國社會科學出版社, 1980), 第183~354頁, 第1~85頁 참조.

24) 1982 현행 헌법은 이전 헌법에 규정되었던 '파업권'을 폐지하는 대신 공민의 인격존엄 불가침권(제38조), 퇴직인 생활 보장(제44조), 장애자 원조(제45조) 등 새로운 기본권 조문을 추가했다[강효백,「국제인권규약 가입에 따른 중국 헌법상 기본권조항의 현황과 개선논의 분석」, ≪중앙법학≫, 제12집, 제3호, 132쪽].

화 건설'에 국민(公民)을 적극적으로 동원하려는 것이 주된 목적이겠지만, 인민(人民)만이 주된 관심 대상이었고 그간 도외시되어왔던 국민(公民)의 권리에 주목하고, 국민의 권리를 논한 조항을 전진 배치하고 그 내용을 확대한 것은 인권과 관련하여 헌법적 차원에서 진일보한 변화로 평가해도 충분할 것이다.[25] 나아가 중국은 1982년 헌법 이후 30여 년간 여러 차례 헌법을 수정하는 방식을 통해 사회주의 시장경제체제를 확립했고, 법에 의한 사회주의 법치국가 원칙을 헌법 차원에서 수용하면서 민주와 법치에 의한 인권 보장이 이미 시대적 조류가 되었음을 인정했다.

개별법 영역에서도 인권 보장을 위한 법제도가 차례로 마련되었다. 우선 1997년 형법 개정을 통해 전통적 사회주의 형법의 기본 원칙인 유추해석 조항을 폐지하고 죄형법정주의 원칙을 확립했다. 그밖에 '행형법(行刑法)', '행정절차법', '행정재심법', '국가배상법', '변호사법' 등 시민적 권리 보장에 대한 법제도적 조치를 단행했다. 중국은 개혁·개방 과정에서 조성된 환경에 적응하기 위해 1990년대 후반부터 현재까지 사법제도와 법률제도의 투명성과 책임성을 제고하려는 노력을 기울이면서 나름대로 인권의 법제화를 시도하고 있다고 평가할 수 있다.

(1) 인권에 대한 헌법적 기준

중국 헌법은 인권과 관련한 국민의 권리를 제2장 '국민의 기본적 권리와 의무(公民的基本權利義務)'에 열거하고 있다. 한 중국 인권법학자는 이

25) 그러나 공산당 영도하에서 인민민주독재를 실시하는 중화인민공화국의 통치 대상은 인민에게 맞추어져 있다고 할 수 있다. 정치적 개념인 '인민(人民)'이란 '전체 인민의 공동 의지'로 요약되는 공산당 영도에 동조하는 계급, 계층, 개인 등을 말하지만, 법률적 용어인 '국민(公民)'은 중국 국적을 가진 모든 구성원을 포괄하고 있다. 그래서 헌법 제2조 제1항은 중국의 모든 권력은 인민에게 속한다고 명확하게 밝히고 있다(민경배, 「중국의 공산당정책(규범)과 국가법의 관계」, 414~412쪽).

를 종합하여 평등권, 자유권, (신체의 자유와 상호 연계한) 인신권, 참정권, 사회권, 소송권, 혼인가정권, 발전권 등 일곱 개 유형으로 대별하고, 이를 다시 42개의 구체적 권리로 세분한다. 최근에는 중국의 정치적 노선을 실현하기 위해 현 단계에서 제기된 '조화권(和諧權)'[26]을 제4세대 인권으로까지 주장하고 있다. 또한 장애인, 노인, 부녀자, 아동 등과 같은 사회적 약자나 군인과 같은 특수 신분을 가진 자에 대해 국민의 보편적 인권을 포함한 별도의 특별한 인권, 소위 '특수인권(特殊人權)'이 헌법상 보장되고 있음을 강조한다.[27]

특히 2003년 10월 제16기 제3차 중국공산당 중앙위원회 전체회의에서 후진타오(胡錦濤)가 제기한 '사람이 근본(以人爲本)'이라는 '과학적 발전관(科學發展觀)'이 당의 정책으로 채택되면서 인권 개념이 헌법에 수용되는 계기가 마련되었다.[28] 즉, 중국은 헌법 제33조에 '국가의 인권 존중과 보장'을 신설하여 인권 보장을 헌법적 차원에서 규정함으로써 인권을 정치적 개념에서 법률적 개념으로 한 단계 발전시켰다. 이에 중국공산당은 2007년 제17차 당대회에서 '인권 존중과 보장'을 정식으로 당장(黨章)에 수용하여 '인권의 존중과 보장은 법에 의한 전체 사회구성원의 평등한 참여와 발전의 권리'라고 강조함으로써 인권 보장에 대해 좀 더 적극적인 태도를 보여주었다.[29]

---

26) '조화권(和諧權, 화해권)'은 후진타오가 주창한 '조화로운 사회(和諧社會)'에 상응하여 도출한 개념으로서, 사람과 자연의 조화, 사람과 사람의 조화, 개인의 몸과 마음의 조화를 달성하는 권리이며, 이는 한 국가 내에서의 사람과 사회, 인간과 자연의 조화를 기초로 삼아 국가 간의 문화와 문화, 종교와 종교, 민족과 민족, 국가와 국가가 상호 조화로운 유대를 달성하는 것을 의미한다[陣佑武, 『人權原理與中保障』(長沙: 湖南人民出版社, 2008), 第20頁].

27) 林喆 主著, 『公民基本人權法律制度研究』(北京: 北京大學出版社, 2006), 第21~23頁.

28) 董云虎·常健 主編, 『中國人權建設60年』, 第28頁.

그러나 인권 보장을 위한 이러한 헌법 차원의 기반 구축과 당의 의지에도 불구하고 개인의 자유와 권리는 헌법 제51조에 따라 '국가·사회·집단적 이익과 타인의 합법적인 자유와 권리를 해하지 않는' 범위 내에서 행사되어야 한다는 기본적 제한이 근원적으로 존재한다는 사실은 지적되어야 한다. 물론 어떤 자유와 권리도 그 보장이 무제한적일 수는 없기 때문에 모든 국가의 헌법은 그 한계를 명문으로 규정하고 있다. 다만 개인의 자유와 권리의 본질적인 내용마저 국가·사회·집단적 이익을 이유로 제한 내지 침해당할 여지가 이미 법적·제도적으로 열려 있다는 것이 문제이다. 왜냐하면 헌법을 비롯한 사회주의 법의 본질이 개인의 자유와 권리에 대한 보호 수단이 아니라 공산당의 중요한 통치 도구에 불과하기에, 중국 헌법 역시 국민의 인권보다는 오히려 당에 의해 정의된 개혁·개방을 통한 '사회주의 현대화 건설'이라는 국가의 근본 임무를 실현하는 데 그 주요 기능이 있기 때문이다. 그래서 중국 현행 헌법에 구체적인 기본권, 인권 존중 및 보장과 관련한 내용이 있음에도 체제 전반의 급속한 변화와 그에 의한 사회생활의 변화에 따른 국민의 현실적 요구가 개별법에 반영되지 못하고 있다는 평가를 받고 있다.[30] 인권에 대한 법 규범과 법 현실 사이

---

29) 같은 책, 第79頁.

30) 중국 헌법에 인권과 관련하여 결여된 권리에 대해 중국 공법학자는 '자신의 정치적 지위를 결정하고 경제적, 사회적 그리고 문화적 발전을 추구하는 권리인 자결권, 안전위생조건, 진급 기회 동등 및 휴가급여를 향유할 권리인 공정하고 쾌적한 업무조건의 향유권, 노동조합 조직 및 참가권, 노동쟁의권, 사회보장권, 생활보장권, 굶지 않을 권리, 심신건강권, 교육권, 과학진보 및 생산이익 향유권, 과학, 문학 및 예술작품에서 발생하는 이익보호권, 생명권, 잔인한 형벌과 인도적으로 굴욕적인 대우 또는 형벌을 받지 않을 권리, 강제노역금지권, 억압 및 강제노동금지권, 인신안전권, 체포된 피의자가 합리적인 시간 내에 심판을 받거나 석방을 받을 권리, 자유를 빼앗긴 사람의 인도주의적 대우를 받을 권리, 채무를 이행할 수 없는 사람을 감시할 수 없는 권리, 자유롭게 이사하여 거주할 수 있는 권리, 법정 및 판결 이전의 평등한 권리, 무죄추정권, 형사피의자의 실질적인 변호사조력권, 상소권, 사생활불

의 괴리가 엄연히 존재하는 것이 중국의 현 상태임을 부인하기 어렵다. 이에 중국 인권법 학자들은 '인권법보장법(尊重保障人權法)'을 제정하여, 이것이 인권기본법으로 작용할 수 있도록 구체적인 초안을 제시하는 등 인권에 대한 중국 당국의 구체적인 대응을 요구하는 단계로 발전하고 있다.[31] 인권보장법을 제정하여 현행 헌법의 추상적이고 부족한 기본권 내용을 보완하여 국민의 기본권을 전면적으로 규율함은 물론 모든 인권 관련 국내 법령에 대한 기본 원칙을 제시하는 인권법제의 기본법 역할을 할 수 있도록 해야 한다는 것이다.

이러한 헌법 차원의 인권 환경 개선을 바탕으로 체제전환 과정에서 확립된 국민의 주요 권리를 보장하는 법률 및 법규는 오래전에 300여 개를 돌파한 것으로 확인된다. 이는 체제전환 이전에 비해 형식적 차원에서 대폭 확대된 중국의 인권 법제 현실을 보여준다. 권리의 항목과 내용들은 일련의 개별 법률과 법령, 예를 들면 '국적법', '선거법', '형법', '형사소송법', '변호사법', '민법통칙」, '물권법', '혼인가정법', '상속법', '저작권법', '특허법', '상표법', '소비자권익보호법', '민사소송법', '행정소송법', '환경법', '장애인보장법', '노인권인보호법', '부녀자권익보호법', '미성년자범죄예방법', '공무원법', '병역법', 여성노동자노동보호조례, 노동개조조례 등을 통해 구체화되었다고 주장한다.[32] 이처럼 중국 인권법제가 외견상 국제인권규범의 내용과 별다른 차이가 없는 것처럼 보이는 것

간섭권, 사상과 양심의 자유 등 30여 개의 항목을 제시하고 있다[양해곤, 「중국 '존중보장인권법' 제정의 학자적 주장」, ≪사회과학논집≫, 제17권, 제1호(2009), 189~190쪽].

31) 법안은 10장 106조로 구성되어 있으며, 초안 내용과 상세한 해설은 莫紀宏 主編, 『人權保障法與中國』(北京: 法律出版社, 2008)과 양해곤, 「中國制定〈尊重和保障人權法〉的學者主張」, 173~ 202쪽 참조.

32) 林喆 主著, 『公民基本人權法律制度硏究』, 第24頁.

은 중국 헌법의 기본권 조항이 국제인권규약과 표현상 같거나 유사하다는 점에서 확인할 수 있다. 하지만 중국의 시민적 권리와 사회적 권리에 대한 실질적인 보장은 국제인권규약과 일정한 차이가 있다. 이는 중국의 인권법 규범과 법 현실 사이에 상당한 괴리가 존재할 수밖에 없다고 해석될 수 있다.

(2) 시민적·정치적 권리에 대한 법제 내용

체제전환에 따라 전면 개정된 1982년 중국 헌법은 기본권에 관한 상당수의 조문에 항(款)의 수를 늘려 인권 보장을 위한 법제를 좀 더 구체화했다. 제33조의 평등권은 1954년 헌법에 비하여 두 개 항이 증가했고, 특히 2004년 헌법 개정을 통한 '국가의 인권 존중과 보장'을 동 조 제3항에 신설한 것은 향후 중국의 '인권기본법' 제정의 유력한 헌법적 근거가 될 것으로 판단된다.

중국이 1998년 10월 5일 시민적·정치적 인권을 규율하는 유엔 인권 B규약에 가입하고도 계속해서 비준을 미루는 것을 두고 국제사회의 비난이 있어왔다. 이에 2004년 1월 후진타오 중국 국가 주석은 프랑스 국회에서 행한 연설에서, 중국은 현재 B규약의 비준을 면밀히 검토하고 있으며 제반 여건이 성숙되면 전인대 상무위원회에 B규약의 비준을 제청할 것이라고 밝혔고,[33] 이어 2004년 3월 헌법 개정을 통해 인권 존중과 보장을 헌법에 새롭게 규정했다.[34] 그리고 1982년 헌법 제36조 종교·신앙의 자유는 세 개 항이 늘어났고, 제37조의 신체자유권은 한 개 항이 증보되는 변화가 있었다.

33) ≪人民日報≫, 1997.10.29.

34) 韓大元,『憲法學基礎理論』(北京: 中國政法大學出版社, 2009), 第254頁.

한편, 중국 헌법 제34조는 정치적 권리로서 먼저 선거권과 피선거권을 규정하고 있다. 체제전환 과정에서 발생할 수 있는 사회 기층조직의 변화를 고려하여 헌법 제111조에 공산당의 영도 원칙을 견지하면서 도시와 농촌의 하부 단위에서 구성원에 의한 자치권을 행사할 수 있도록 규정했다. 이 조항에 따라 1983년 '전인대 상무위원회의 현(縣)급 이하 인민대표대회 대표의 직접선거에 관한 약간의 규정'을 제정하여 중국 국민의 선거권과 피선거권을 법적으로 보장했다. 10여 년간 기층조직의 자치제를 실시해 얻은 경험을 바탕으로 일부 향(鄕)과 진(鎭)의 인민 대표는 주민 직접선거로 선출되고 있다. 1987년 시범적 성격의 '촌민위원회조직법'과 1998년 정식의 '촌민위원회조직법(村民委員會組織法)」 제정으로 자치기구인 촌민위원회의 주임, 부주임, 위원을 촌민이 직접 선출하도록 했다.[35] 이에 따라 1980년대 초부터 전국 농촌에서는 일반적으로 6~7차례 촌민위원회 직접선거가 시행되었다. 도시에서는 1989년 '도시주민위원회조직법(城市居民委員會組織法)」을 제정하여 2009년까지 전국적으로 여섯 차례 이상 선거를 했다.[36] 이러한 기층조직의 자치제도 실시는 기층조직의 자율성을 제고함으로써 관료들의 전횡과 부패를 방지하는 목적이 있었을 것으로 판단된다.

1978년 헌법의 '무신론 선전의 자유'를 삭제한 현행 헌법 제36조를 통해 정상적인 종교 활동을 보호하도록 하는 의무를 국가에 부과하고, 어떠한 국가기관, 사회단체나 개인도 국민에게 종교를 신앙하거나 신앙하지 않도록 강제할 수 없고, 종교를 신앙하는 그리고 신앙하지 않는 국민을 차

---

35) 촌민위원회의 자치권 및 상급기관과의 관계에 대해서는 郝紅梅, 「論村民自治權及其運行中的權力制約問題」, 肖金明 主編, 『人權保障與權力制約』(濟南: 山東大學出版社, 2007), 第207~221頁 참조.

36) 董云虎·常健 主編, 『中國人權建設60年』, 第85頁.

별할 수 없도록 했다. 그러나 하위법에서 종교단체와 종교적 사무에 대한 외국 세력의 지배를 배제하고 있다. 이는 2004년의 '종교사무조례', '경내(국내) 외국인의 종교 활동 관리 규정' 등에 상세히 규정되어 있다. 중국 헌법상 신앙의 개념에는 신과 피안(彼岸) 등의 종교적 개념과 관련이 전혀 없는 마르크스-레닌주의, 유가 사상, 도가 사상도 포함되는 것으로 해석되는 특징이 있다.[37)]

또한 헌법 제37조에서 불법 구금과 기타 방법에 의한 불법 박탈 또는 국민의 신체 자유에 대한 제한을 금지하고 국민의 신체에 대한 불법 수사를 금지하도록 함으로써, 1978년 헌법에 비해 신체의 자유에 대한 헌법적 차원의 보장을 강화했고, 이를 기초로 '형사소송법'(1996년) 제59조, '형법'(2011년) 제238조, 제245조, '치안관리처벌법'(2005년) 제87조, 제91조, 제92조 등을 통해 신체의 자유를 더욱 구체화했다.

체제전환에 따른 중국의 시민적 권리에 대한 이러한 헌법적 차원의 강화는 자연스레 하위 개별법의 변화를 견인했다. 1989년 '행정소송법'의 제정으로 행정 행위로 인해 국민의 합법적 권익이 침해받을 경우 행정소송을 제기하여 적절한 구제를 받을 수 있도록 했고, 1994년에는 변호사와 의뢰인의 관계를 명확히 하여 민선 변호사의 직업 기준을 설정함으로써 국민들이 자신의 법적 이익을 적극적으로 보호받을 수 있도록 하는 '변호사법'을 마련하기도 했다. 또한 1996년 '형사소송법'을 개정하여 경찰(公安)이 피의자를 구금할 수 있는 기간을 30일 이내로 제한하고, 변호인 접근권을 강화했다. 또한 재판 없는 유죄 판결을 금지하여 국가 당국의 학대 행위에 대한

37) 중국에서는 불교, 도교, 기독교, 이슬람교 등은 종교로, 마르크스-레닌주의(馬列主義)는 신앙으로 구별하고 있다. 중국공산당 당원의 신앙은 당연히 마르크스-레닌주의야 한다는 것이다(강효백, 「국제인권규약 가입에 따른 중국 헌법상 기본권 조항의 현황과 개선논의 분석」, 141쪽).

보상청구권을 부여함으로써 인권 보장에 대한 적극적인 법제를 구축했다. 특히 개혁·개방에 따른 경제 범죄의 급증을 계기로 추진된 1997년 '형법' 개정에서 사회주의체제하에서 자행된 인권 침해의 전형적인 도구였던 유추해석 조항을 폐지하고 죄형법정주의 원칙을 확립해 국가의 형벌 남용을 방지했다. 그 외에 '행정절차법', '국가배상법', '행형법' 등 시민의 권리에 긍정적인 영향을 미치는 법률이 제정 및 개정되었다.[38]

이처럼 시민적 권리에 대한 헌법을 비롯해 중국 개별법제는 체제전환 이전과 비교할 때, 외견상으로는 상당히 인권 친화적인 방향으로 바뀌었다. 체제전환으로 중국 국민에게 개인의 자유 공간이 일정하게 확대 및 강화되었다고 평가할 수 있다. 하지만 이것이 유엔 인권 B규약의 기준에 상응하는 인권법제가 구축되었다는 의미는 아니다.

1982년 헌법은 1975년 헌법에서 삭제되었던 기본권 조항을 대부분 회복했다. 그러나 거주 이전의 자유[39]가 누락되어 헌법상 권리로 인정되고 있지 않는 것은 특기할 점이다. 중국은 1958년 '호구등기조례(戶口登記條例)'를 제정하여 자유로운 인구 이동을 제한하는 제도를 실시했다. 정부로부터 호구를 취득해야만 일정한 지역에 합법적으로 거주할 권리를 얻는 것이다. 호구 관리는 각 지방정부의 공안 당국이 담당하여 인구 이주를 엄격히 제한해왔으며, 농촌에서 이주하는 도시 인구 증가를 효율적으로 통제해왔다. 개혁·개방 과정에서 유동인구가 증가하자, 1998년 중국 국무원(國務院)은 공안부가 제출한 '호구 관리 업무 중 시급한 문제 해결에 관한 의견'을 비준하면서 관련 규제를 완화해왔지만 여전히 거주 이전의

38) 이금순·김수암, 『개혁·개방과정에서 인권의제: 이론과 실제』, 153~154쪽.

39) 시민적·정치적 권리에 관한 국제규약 제12조 제1항은 합법적으로 어느 국가의 영역 내에 있는 모든 사람은 그 영역 내에서 이동의 자유 및 거주의 자유에 관한 권리를 가진다고 규정하여 거주 이전의 자유를 보장하도록 의무화하고 있다.

자유는 일정하게 제한하고 있는 것이 현실이다.[40]

중국 헌법은 언론, 출판, 집회, 결사, 행진, 시위의 자유를 포괄적으로 인정하고 있다(제35조). 그러나 언론, 출판 자유의 경우 헌법상 일반적 규정을 제외하고는 그 자유를 보장하기 위한 어떠한 하위 법률도 아직 제정되지 않았다. 실질적으로 권리를 행사할 수 있는 법적 근거가 전혀 확보되어 있지 않은 것과 다를 바 없다. 또한 집회와 시위의 자유가 헌법에 명시적으로 보장되어 있고, 이를 근거로 1989년 '집회행진시위법(集會游行示威法)」이 제정되었지만, 국민들의 평화적 집회와 시위를 보장하기 위한 규정보다 제한하는 규정이 오히려 더 많은 실정이다. 특히 동법 제15조는 국민(公民)이 자신의 거주지 이외의 지역에서 집회와 시위를 발기하고 조직하면 참가할 수 없다는 독소조항까지 두고 있다. 결사의 자유 역시 단체 등록 및 감독·관리 등의 문제와 관련한 일부 조례가 있지만, 결사의 자유를 실질적으로 보장할 수 있는 구체적인 법제도는 여전히 구축되어 있지 않다.[41]

시민적 권리에 관한 국제규약 제6조 제1항은 모든 인간은 고유한 생명권을 가진다고 규정하여 '극도로 중한 범죄'에 한하여 사형을 인정하고 있으며, 태아 역시 생명권의 주체로 인정하고 있다. 그러나 중국 헌법은 사형에 대한 제한 조항이 없다. 중대 범죄에 대한 엄한 처벌과 잠재적 범죄자 예방을 통한 사회 안정을 명분으로 사형제 폐지를 위한 움직임은 전혀 보이지 않는다. 1997년 개정된 형법은 개혁·개방 과정에서 출현한 '극도로 중한 범죄'라고 볼 수 없는 새로운 형태의 경제 범죄를 포함해 68개 죄

---

40) 거주 이전의 자유를 제한했던 기존의 호구제도는 2007년 3월에 13개 성(省)급 지역이 폐지를 결정함으로써 관련 인권의 보장은 점차 개선될 것으로 판단된다.

41) 譚世貴, 『國際人權公約與中國法制建設』(武昌: 武漢大學出版社, 2007), 第243~249頁.

종의 범죄자를 사형에 처할 수 있도록 규정했다. 한편, 태아의 생명권과 관련해 중국 헌법은 인구 증가 억제 정책, 경제와 사회 발전의 상호 조화(제25조), 부부의 가족계획 의무(제49조)를 통해 산아 제한을 국가와 국민의 의무로 규율하고 있다. 또한 중국 형법에도 낙태죄에 관한 형벌 조항이 없고, 심지어 가족계획을 위반한 부녀에게 강제성 낙태를 실시하는 등 생명권의 심대한 침해가 항시적으로 발생하고 있다.

(3) 사회적 권리에 대한 법제

계획경제가 시장경제로 변화하는 중국의 체제전환 과정에서 개혁·개방 정책에 의해 국영 기업의 개혁이 실시되고 국가 자원의 배분 기준이 이윤 극대화로 바뀌면서, 단기적으로 중국 국민에 대한 사회적 권리의 보장 수준은 낮아질 수밖에 없었다. 개혁·개방 초기에 국가 차원의 사회안전망을 구축하지 못한 상황에서 이를 상업적으로 대체할 제도적 장치마저 결여되어 있었기 때문이었다. 이에 중국 당국도 1982년 헌법의 개정으로 제도를 정비하며 대응해왔다. 사회적 권리와 관련하여 헌법 제42조 노동권 조항에서 세 개 항, 제45조 물질보장권 조항에서 두 개 항을 증보한 것이다.

노동권의 보장을 규정하고 있는 헌법 제42조는 먼저 기업 개혁에 상응하여 국가에 취업 여건의 창출과 노동 보호의 강화를 요구했고, 노동 조건의 개선과 생산 기초의 발전을 통해 노동의 권리를 보장하도록 했다. 또한 취업 훈련 실시를 헌법상 명문화하여 한편으로 국가 차원에서의 노동의 권리를 고양하고, 다른 한편으로 사회주의 노동 경쟁을 독려함으로써 헌법적 차원에서 시장경제체제하에서의 노동권 보장과 기존 종신고용제에서 계약고용제로의 변화에 대비한 것으로 판단된다.

실제로 1986년 '노동계약제의 적극적인 시험적 실행에 관한 통지(關

於積極試行勞動合同制的通知)'와 '국영 기업 노동계약제 실시의 임시 규정(國營企業實行勞動合同制暫行規定)'의 제정으로 노동계약제가 실시되면서,[42] 업종이 급속히 분화되어 이전에 비해 직업 선택의 폭이 넓어졌다. 중국의 체제전환에 따른 개혁·개방은 인권 차원에서 직업 선택의 자유를 확대하는 긍정적인 결과를 낳았지만, 한편으로는 실업을 양산해 노동 권리를 박탈하는 부정적인 요소로도 작용했다. 이는 개혁·개방 정책으로 사회적 권리 보장의 수준이 낮아지는 결과가 나타났다고 평가할 수밖에 없다.

그러나 2006년 이래 '조화로운 사회(和諧社會)'론이 제기되면서 빈부격차와 지역 발전의 불균형을 초래한 성장위주의 선부론(先富論)에서 균형성장과 분배·형평을 추구하는 균부론(均富論)으로 정책적 전환이 일어났다. 헌법 제24조의 정신에 따라 노동계약제를 확립하고 기업의 경영 효율을 중시하여 경제 발전에 필요한 고용의 탄력성에 초점을 맞추어 제정된 1994년 '노동법'은 사회적 비판에 직면했다. 이에 노동자의 권익 보호와 함께 기업의 사회적 책임이 주목을 받으면서, '노동법'에서 노동계약 부분을 따로 분리하여 '중화인민공화국노동계약법(中華人民共和國勞動合同法)」이 2007년 제정되었다. 이 법은 노동자 권익을 침해할 여지가 있는 내용을 삭제했으며, 배상금 지급 요건을 명확히 규정하고 일정한 조건하의 종신 계약을 의무화했다. 이러한 변화는 결국 인권 차원에서 노동자의 생존과 민생 문제의 해결이라는 노동권의 보호로 이어졌다.[43]

중국은 건국 이후 줄곧 파업을 사회주의 노동질서를 파괴하는 불법 행위로 간주해왔다. 1975년과 1978년에 개정된 헌법은 파업권에 대한 규정

42) 張志京 主編,『勞動法學 第二版』(上海: 復旦大學出版社, 2008), 第29頁.

43) 林嘉,「21世紀中國勞動法范式的轉變」, ≪노동법학≫, 제28호(2008), 25~27쪽.

을 두고 있었지만, 1982년 헌법 개정으로 다시 파업권 규정을 삭제했다. 현행 중국 헌법에는 파업권 조항이 없다. 나아가 '노동법', '노동계약법', '노동조합법' 등 노동 관련 법률에 파업을 금지하고 처벌하는 조항이 포함되어 있어 노동자의 단체행동권에 대한 공권력의 개입과 탄압이 합법화되고 있다. 경제적·사회적·문화적 권리에 관한 국제규약 제8조 제1항 ⓓ는 규약 가입국의 법률에 따라 행사되는 것을 조건으로 파업권을 보장하고 있다. 중국이 2001년 유엔인권 A규약을 비준할 당시 유보한 것은 규약이 규정하고 있는 제8조 제1항 ⓐ 노동조합가입권(단결권)이었지 제8조 제1항 ⓓ 파업권(단체행동권)[44]은 아니었다. 따라서 파업권을 인정하지 않는 중국이 파업을 불법으로 규정하는 것은 A규약 가입국으로서의 의무를 위반한다는 국제적 비난을 받을 수밖에 없다.[45]

중국 헌법 제45조 제3항은 국가와 사회가 장애인의 노동, 생활 그리고 교육을 지원하도록 규정하여 사회적 약자의 특수인권을 보호하고 있다. 이는 중국의 장애인 보장 사업을 개혁·개방 이전의 '맡아 부양하는 구제 방식'에서 '자활능력을 배양할 수 있는 노동복리 방식'으로 변화시킴으로써 장애인이 사회생활에 전면적으로 참여할 수 있도록 하는 데 초점을 맞추고 있다. 특히 헌법 제45조에 근거하여 1990년 '장애인보장법(殘疾人保障法)」을 제정하여 시행하면서 본격적인 법제화 궤도에 진입한 것으로 평가되고 있다.[46] 장애인의 특수인권과 보호 기제를 고려하여 행정법규인 1994년 '장애인교육조례', 2007년의 '장애인취업조례' 등이 제정

---

44) 규약의 제8조 제1항 ⓓ는 규약의 당사국들이 각 국가의 법률에 따라 행사될 것을 조건으로 하는 파업을 할 수 있는 권리를 확보할 것을 약속한다고 규정하고 있다.

45) 강효백, 「국제인권규약 가입에 따른 중국 헌법상 기본권조항의 현황과 개선논의 분석」, 136~137쪽.

46) 董云虎·常健 主編, 『中國人權建設60年』, 第237頁.

되었다.

2) 중국 인권과 국제인권규범

(1) 체제전환 따른 국제인권 레짐 참여

국가의 근본 임무인 사회주의 현대화 건설, 즉 경제 건설을 위한 중국의 개혁·개방 정책은 역동적인 사회 변화와 함께 대외관계에서 국제화체제 편입을 통한 세계화의 수용으로 실천되었다. 대외개방 정책이 성공적인 성과를 거두기 위해서는 국제관계에서의 보편적인 기준을 따르는 행동양식을 만들어야 한다. 이는 중국의 인권 관련 정책의 전환을 요구하는 것이며, 그 구체적인 내용은 인권 보장을 위한 국내 법제 구축과 국제인권 레짐[47]에의 적극적인 참여이다. 1990년대에 들어 인권이 유엔 중심의 국제관계에서 주요 의제가 되면서 인권 후진국으로 평가를 받아왔던 중국에 대한 국제사회의 간섭과 압력은 높아질 수밖에 없었다. 중국은 이에 대해 서방국가들이 인권을 빌미로 중국 내정에 간섭하면서 중국의 역사적 전통과 문화적 특수성은 물론 당면한 중국의 정치, 경제의 현실을 무시하고 있다고 공세적인 대응을 해왔다. 하지만 다른 한편으로는 인권 보장에 대한 중국의 낙후성을 인정하고 국가 간에 진행되는 인권 대화가 불가피하다는 점을 인정하는 모습도 보여주었다. 그럼에도 인권의

---

47) '국제인권 레짐'이라 함은 인권 보장의 준수를 이행할 목적으로 만들어진 국제적 차원의 각종 인권기구와 조약 그리고 인권 이행을 위한 특별 절차 등을 포함한 것을 말한다. 유엔을 중심으로 한 인권 레짐은 인권조약에 기초를 둔 규약기구(Treaty-based body)와 유엔헌장에 기초한 헌장기구(Charter-based body)로 나누어진다. 규약기구는 각종 국제인권협약의 이행 상황을 감사 및 평가하는 기구이고, 헌장기구는 유엔헌장의 인권 규정에 근거하여 포괄적인 인권문제를 다룬다[서보혁, 『북한인권: 이론·실제·정책』(파주: 도서출판 한울, 2007), 53쪽].

상대성과 특수성을 강조하는 중국의 인권관은 변함없이 견지되었다.[48) 1989년 톈안먼 사건 이후 강화된 유엔인권 레짐의 압력과 2001년 WTO 가입에 따른 대외개방의 가속화에 의한 중국 국가이익의 국제화 추세가 더욱 강화되면서 중국은 국제사회의 간섭과 국제인권규범에 대한 기존 입장을 고수하기 어려워졌다. 이에 중국은 좀 더 적극적인 대응 방안을 마련해야 할 필요가 생겼다. 국내적으로는 국제인권규범과 국내법이 상호 충돌하는 문제를 해결하기 위한 입법 활동을 진행함과 동시에 인권 관련 연구 사업과 각국 인권실태 연구 등에 힘을 기울였다. 또한 대외적으로는 국제인권 레짐에 참여하면서 국제사회의 인권 증진 활동에 적극적으로 응해왔다. 이는 중국 인권문제에 대해 국제사회가 강력하게 비판하는 상황을 최대한 방어하면서 오히려 국제적 영향력을 확대하여 중국의 국가 근본 임무인 사회주의 현대화 건설, 즉 경제 건설에 좀 더 유익한 환경을 조성하려는 의도였을 것이다.[49) 따라서 인권 관련 국내법제의 개혁 및 국제인권규범의 수용과 국제적인 인권 활동에의 참여는 중국의 인권 상황을 개선하려는 적극적인 의지의 산물이라기보다는 국가의 근본 임무 실현에 방해 요소를 제거하여 유리한 환경을 확보하기 위한 수단, 즉 자국 이익 최대화의 일환이었을 것으로 판단된다. 1978년 12월 체제전환 이후 인권에 대한 중국의 인식과 반응은 표면적으로는 긍정적인 방향으로 변화하고 있지만, 중국 당국의 인권관에는 본질적인 변화가 보이지 않기 때문이다. 1990년대 초반부터 중국은 인권문제에 대한 국제사회의 간섭과 비판을 주권 침해의 내정 간섭으로 규정하여 시종일관 강력하게

---

48) 王學東,『外交戰略中的聲譽因素硏究-冷戰後中國參與國際制度的解釋』(天津: 天津人民出版社, 2007), 第166~168頁.

49) 劉杰,「中國參與推動世界人權發展的實踐和模式」, ≪人權≫, 2010年 第一期(2010), 第19~21頁.

〈표 4-1〉 중국의 주요 국제인권조약 가입 현황

국제인권조약 명칭	유보 및 선언 조항	가입 날짜	발효 날짜
여성에 대한 모든 형태의 차별 철폐 협약	제29조 제1항(유보)	1980.11.4	1980.12.4
난민의 지위에 관한 협약	제14조(유보)	1982.9.24	1982.12.23
난민의 지위에 관한 의정서	제4조(유보)	1982.9.24	1982.9.24
모든 형태의 인종차별 철폐에 관한 국제협약	제9조(유보)	1981.1.29	1982.1.28
인종분리범죄 금지 및 처벌에 관한 국제협약	-	1983.4.18	1983.5.18
인종학살범죄의 방지와 처벌에 관한 협약	제9조(유보) 비준	1983.4.18	1983.7.17
고문 및 기타 잔혹한, 비인도적 또는 굴욕적 대우나 처벌의 금지에 관한 협약(고문방지협약)	제20조, 제30조 제1항(유보)	1988.10.4	1988.11.3
동일가치노동에 대한 남녀노동자의 동일보수에 관한 협약	-	1991.9.7	미비준
아동의 권리에 관한 협약	-	1992.3.1	1992.4.1
경제적·사회적·문화적 권리에 관한 국제규약	제8조 제1항 ⓐ 등 세 항목의 해석 선언	1997.10.27	2001.2.28
시민적·정치적 권리에 관한 국제규약	-	1998.10.5	미비준

자료: http://treaties.un.org/Pages/Treaties.aspx?id=4&subid=A&lang=en에서 발췌(검색일: 2013.6.7).

반발해왔다[50]는 점에서 중국 당국은 인권을 주권을 뛰어넘는 보편적이고 국가보다 앞선 권리로 인정하고 있지 않으며, 이러한 인권 개념을 적극적으로 수용할 의지가 없는 것으로 판단된다. 그럼에도 중국은 이미 여러 국제인권조약에 가입하여 활동함으로써 인권과 관련한 국제사회의 유력한 행위자가 되었다.

50) "不許利用'人權'問題干涉我國內政", ≪人民日報≫, 1990.3.27, 第7版.

중국은 1971년 유엔 회원국이 되면서 유엔총회와 유엔경제사회이사회에서 인권문제와 관련한 토론에 참여하기도 했지만, 본격적으로 인권레짐에 참여한 것은 1978년 12월 이후 체제전환을 진행하면서부터였다. 중국은 1979년부터 3년 동안 옵저버(observer, 참관인)로 유엔인권위원회에 참석했고, 1982년부터 유엔인권위원회, 유엔인권소위원회, 여성지위위원회 위원이 되었다. 그 후 중국은 국제인권규범을 비준하기 시작했다. 유엔인권위원회 회원국이 되면서 여성차별 철폐 협약, 인종차별 철폐 협약, 고문 금지 협약, 아동권리협약 등 국제인권조약에 적극적으로 가입하면서 1997년과 1998년에는 A규약과 B규약에 차례로 서명했고, 2001년에는 A규약을 비준했다. 〈표 4-1〉은 중국이 참여한 국제인권규범의 현황이다.

(2) 중국의 국제인권규범 적용과 그 한계

체제전환 진행 이후 중국은 국제 무대로의 진출과 함께 인권을 포함한 다양한 영역의 국제조약에 가입하면서 국제조약의 국내 적용에 적극성을 보여왔다. 특히 국제인권규범을 수용하는 과정에서 국제인권규범과 국내법이 상호 충돌하는 상황을 피하기 위해 나름대로 대응을 해왔다. 헌법 개정을 비롯한 많은 개별법의 제·개정을 통해 국제인권규범 수용을 위한 법제 구축을 진행해온 것이다.[51] 그러나 중국의 현행 인권 관련 법제의 내용은 중국이 가입한 국제인권규약(A규약과 B규약)의 내용과는 여전히 상당한 괴리가 있다는 한계가 분명하다. 이는 국제인권규약에 규정되어 있는 권리가 중국 법제에는 존재하지 않는 경우, 그리고 유사한 규정이 있으나 중국 법제가 규율하는 권리의 보호 범위와 내용이 국제인권규약에

51) 이에 대해서는 譚世貴, 『國際人權公約與中國法制建設』, 第224~240頁 참조.

현저히 미치지 못하거나 상호 충돌하는 경우 등으로 나타난다. 또한 중국에서 어떤 과정을 거쳐야 국제조약이 법률적 효력을 발생하는지에 대해 중국 법제는 아직도 명확한 규정을 두고 있지 않다.

① 국제인권규약상의 권리를 수용하지 않은 권리

인권규약에는 있으나 중국 법제, 특히 헌법에 없는 기본권 조항은 파업권(A규약 제8조 ⓓ), 생명권 및 사형제도(B규약 제6조), 강제노동의 금지(B규약 제8조), 산모에의 특별 보호(A규약 제10조 제2항), 거주 이전의 자유(B규약 제12조), 소급 처벌의 금지(B규약 제15조), 사생활 명예 및 신용의 존중(B규약 제17조), 사상과 양심의 자유(B규약 제18조), 표현의 자유(B규약 제19조), 공무에의 참가(B규약 제25조), 고문 및 잔혹형의 금지(B규약 제7조), 신체의 자유 및 체포·구금의 요건(B규약 제9조), 공정한 재판을 받을 권리(B규약 제14조) 등 모두 13개가 있다.

특히 중국 헌법에는 국민의 파업권 조항이 없다. 또한 '노동법', '노동계약법', '노동조합법' 등 노동 관련 법률에는 오히려 파업을 금지하고 처벌하는 조항들이 산재해 있다. 위에서 지적한 것처럼 중국이 A규약에 가입하면서 유보한 조항 A규약 제8조 제1항 ⓐ는 노동조합가입권(단결권)이지, 제8조 제1항 ⓓ 파업권(단체행동권)이 아니기 때문에 인권규약 가입국으로서의 의무를 명백히 위반하고 있는 셈이다.

② 국제인권규약의 보호 내용과의 충돌

국제인권규범과 중국 헌법의 기본권 조항은 표현상으로는 동일하거나 유사한 내용이 대부분이지만, 중국 법제에 따른 권리의 실질적인 보호범위와 정도가 국제인권규범에 미치지 못하거나 상호 충돌하는 경우가 있다.

중국은 A규약과 B규약이 규정하고 있는 민족자결권[52]을 헌법 제4조 제3항 규정의 민족자치권과 관련시켜 개별적 인권에 기초한 집단적 인권으로 해석하고 있는데, 이를 중앙집권제하에서의 자치권으로서 소수민족 지역에서 행정적인 자치를 실현하는 것으로 해석해 인권규약상의 민족자결권과의 충돌을 피하고 있다. 또한 B규약 제18조 제1항에 규정된 종교의 자유를 중국 헌법 제36조는[53] '종교신앙의 자유'로 표현함으로써 신앙의 자유를 강조하며, 종교를 믿지 않을 자유와 외부 세력의 간여 배제에 방어적인 태도를 취하고 있음을 확인할 수 있다.

③ 국제조약과 국내법 관계의 불명확성

각 국가마다 국제인권규약의 집행 방식이 차이가 있겠지만, 중국은 국제인권규약이 어떤 절차를 거쳐 법률적 효력을 얻는지 헌법이나 기타 법률에 명확한 규정을 두고 있지 않다. 물론 국제인권조약이 전국인민대표회의(全國人民代表大會) 상무위원회의 비준을 거치면 국내법적 효력을 얻는다. 문제는 중국이 국제인권조약을 비준함과 동시에 국내법적 효력이 발생하는 것이 아니라 비준한 국제인권조약에 근거해 국내법을 제정 및

52) A규약과 B규약은 제1조에서 각각 "모든 민족은 자결권을 가지며, 자기의 정치적 지위를 자유로이 결정하고 자기의 경제적·사회적 및 문화적 발전을 자유로이 추구할 권리가 있으며(동 조 제1항), 천연의 부와 자원을 자유로이 사용·처분할 수 있고, 어떠한 경우에도 자기의 생존 수단을 박탈당하지 않는다(동 조 제2항)"고 규정하고 있다.

53) 중국 헌법 제36조는 "중화인민공화국 공민은 종교신앙의 자유가 있다. 어떠한 국가기관, 사회단체나 개인도 공민에게 종교를 신앙하거나 신앙하지 않도록 강제할 수 없고, 종교를 신앙하는 공민과 신앙하지 않는 공민을 차별할 수 없다. 국가는 정상적인 종교 활동을 보호한다. 누구든지 종교를 이용하여 사회질서를 파괴할 수 없고, 공민의 신체건강을 해치거나 국가교육제도를 방해하는 활동을 할 수 없다. 종교단체와 종교 사무는 외국 세력의 지배를 받지 않는다"고 규정하고 있다.

개정하는 방식을 통해 국제인권규약의 국내적 효력을 보장하고 있다는 점이다. 중국이 국제인권규약에 가입하고 비준한다는 의미는 가입 및 비준 당시의 유보나 해석을 언급한 항목을 제외하고는 사전에 관련 법률을 마련했거나 사후에 관련 규정의 국내적 효력을 보장할 법률을 정비한다는 의미이다. 따라서 국제인권규약 가입 및 비준 후에 국내의 관련 법률이 정비되지 않는다면 인권규약의 법적 효력을 담보할 수 없다.[54]

(3) 국제인권규범의 수용 가능성

중국이 B규약에 서명했기 때문에 중국 국민의 시민적·정치적 권리가 확대되고 보장될 개연성은 분명 높아졌다. 문제는 중국 당국의 B규약 내용에 따른 국내 입법화 여부에 달려 있다. 따라서 중국의 인권 현실을 판단할 수 있는 기준은 중국이 국제인권조약에 가입했는가가 아니라 중국 정부가 국제인권규범이 규정하고 있는 기준에 근거한 실제적인 법제를 마련하고 그것을 시행하고 있는가에 맞춰져야 할 것이다. 이미 세계화체제에 편입한 중국의 입장에서 국제적으로 수용할 수 있는 새로운 보편적 인권 개념이 정착되지 않으면 개혁·개방 정책의 성공적인 진행은 어려워진다. 따라서 중국에서는 점진적이나마 국제인권규범의 적극적인 수용은 피할 수 없는 의무라는 인식의 전환이 이루어질 것이다.

---

54) 윤영덕, 「개혁·개방 이후 중국의 인권관과 인권정책」, ≪민주주의와 인권≫, 제8권, 제2호(2008), 500~501쪽.

4. 글로벌 거버넌스의 법제 개혁 지원과 중국 인권법제

중국은 개혁·개방 정책의 추진을 통해 사회주의 시장경제체제로 전환함에 따라 사회 전체의 구조적 변화와 국제화체제로의 편입이라는 새로운 환경을 맞았다. 따라서 이를 위한 법제 개혁이 요구되었고, 새롭고 생소한 법제 구축을 위해 국제사회 협력이 절실해졌다. 이는 중국이 체제전환을 이행하면서 인권법제를 확립하는 과정에서 국제금융기구를 비롯한 국제기구 및 일부 개별 선진국 등 글로벌 거버넌스[55]의 협력에서 자유로울 수가 없었다는 의미이다.

체제전환국의 법제 개혁에 대한 글로벌 거버넌스의 법제 지원 기본 방향은 일반적으로 체제전환국이 경제적으로 시장경제를 확립하고, 정치적으로 민주주의 원칙을 원만하게 달성할 수 있는 국제적 기준의 법제를 확립하는 데 맞추어져 있다.[56] 1990년대에 들어 글로벌 거버넌스의 지원 프로그램에서 법치국가(Rechtsstaat) 내지 '법의 지배(rule of law)' 원칙의 실현을 핵심 내용으로 하는 '굿 거버넌스'의 중요성이 강조되면서, 입법 강화와 함께 사법제도 개혁에 대한 기술 지원이 중점적으로 수행되고 효율적인 제도적 기반의 확립까지도 모색되고 있다.

체제전환국의 법제 개혁에 대한 글로벌 거버넌스의 지원이 민주주의의 정착과 시장경제체제로의 순조로운 전환에 목표를 두면서, 이의 법제

55) 냉전 종식에 따라 세계적 범위의 새로운 질서 변화와 도전에 대응하면서 정착한 용어인 '글로벌 거버넌스'란 개념은 아직 일치된 견해에 의해 공인된 정의 없이 다양한 의미를 담고 있지만, '구체적인 문제의 해결을 위해 [개별국의] 정부, 국제기구, 비정부기구 등이 함께 참여하는 협력적 기제'로 이해하면 무난하리라 판단된다[정은숙, 『글로벌 거버넌스와 국제안보』(파주: 도서출판 한울, 2012), 15~16쪽].

56) 민경배, 「체제전환국 법제 개혁을 위한 국제기구의 협력과 북한」, ≪통일문제연구≫, 제21권, 제1호(2009), 231쪽.

도적 실현을 위해 법치주의를 요구하고 있다. 그에 따라 체제전환국의 국민은 시장경제법제에서 개인의 경제적·사회적 권리를, 민주주의 원칙의 실현을 위한 법제에서 개인의 정치적·시민적 권리를 확보할 수 있게 된다. 또한 개혁된 사법제도를 활용하여 권리 침해를 방지하거나 침해받은 권리를 구제받을 수 있게 된다. 그래서 글로벌 거버넌스의 법제 협력에 따른 체제전환국의 법제 개혁은 직간접적으로 인권법제 확립에 영향을 줄 수밖에 없다. 이처럼 체제전환과 인권법제의 상호관계가 밀접하기 때문에 글로벌 거버넌스의 법제 지원은 결국 체제전환국이 인권법제를 구축하도록 견인한다.

다음 절에서는 중국이 체제전환 과정에서 법제 개혁을 위해 글로벌 거버넌스로부터 어떤 지원을 받았는지 살펴보고, 다자적 지원기구인 세계은행과 아시아개발은행, 쌍무적 지원기구(개별 국가)인 독일, 일본의 지원 사례를 검토해본다.

1) 다자적 지원기구: 세계은행과 아시아개발은행

(1) 세계은행

중국은 다자간 협력기구가 강조하는 금융과 재정보다는 스스로 절실하게 요구되는 외국인 투자 유치 관련 법제 개혁에 좀 더 집중했다. 중국의 초기 법제 개혁은 국제금융기구가 선호하는 '파산법'이나 '은행법'보다 '회사법', '합영법', '기업법' 등 기업의 경제활동과 관련된 분야에 집중되었다. 이를 통해 경제 발전에 따른 집단적 발전권이 고양되고 개인의 경제활동 범위와 내용이 확대되고 직업 선택의 여지가 넓어져, 사유재산권, 생활권, 경제권, 사회권 등 개인의 권리를 확장시켜 인권 보장 수준이 제고되는 결과를 기대하고 있다.

세계은행에 의해 독립된 사업 항목으로 처음 지원된 1994년 '중국의 경제법 개혁 프로젝트(Economic Law Reform Project for People's Republic of China)'는 종합적인 법률 기술 지원 사업이었다.[57] 이 프로젝트는 입법 요소, 훈련 요소, 제도 지원 요소 등 크게 세 가지로 구성되어 있다. 각각은 세계화에 따른 전 세계적인 변화에 능동적으로 대처하기 위해 1995년 시작된 중국의 '사회주의 시장경제체제'를 추구하는 부처와 기관들을 지원했다.[58]

전국인민대표대회의 1993~1998년 입법 예정 계획안에서 제시된 것처럼 중국 정부는 점증하는 국내 및 국외 기업의 수요를 충족시키고, 국제적으로 수용되고 투명한 법제도적 틀의 확립이라는 WTO 가입 조건을 만족시키는 새로운 입법 및 기존 법의 개정이 필요하다는 사실을 알고 있었다. 이를 위해 세계은행은 중국 정부 관련 부처가 '계약법', '재산법', '지적재산권법'과 같은 이른바 '경제 관련 기본법'뿐 아니라 '세법', '반독점법', '변호사법', '국채법', 교역에 관한 규칙 등 여타 경제 관련 핵심 법안들을 준비하는 것을 지원하는 데 초점을 맞추었다.[59]

훈련 부문은 최근 새로 제정된 법뿐만 아니라 교역, 투자, WTO, 미국의 행정법에 대해 국내 변호사, 판사, 학자, 학생 및 다른 법률 전문가와 정부 관리들을 훈련시키는 데 초점을 맞추었다.[60] 또한 사법 절차 및 국제 중재 절차와 같은 절차법에 대한 교육도 포함되었다.

---

57) World Bank, *Initiatives in Legal and Judicial Reform*(the World Bank, 2004) pp.28~29.

58) World Bank, *Implementation Completion Report, Economic Law Reform Project, People's Republic of China*(the World Bank, 2005), p.13.

59) 같은 책, pp.5, 14, 20~22.

60) 같은 책, p.23.

제도 강화 부문은 첫째, 외국의 법률 관련 데이터베이스를 통해 다른 나라의 법률 정보에 대해 접근하는 것을 용이하게 하고, 법률 관련 문서의 준비 및 전파 과정을 현대화하며, 둘째, 법률 관련 정보의 관리 과정을 현대화하고, 중국의 입법 정보에 일반 대중의 접근이 가능하도록 법과 규정에 대한 종합 데이터베이스 시스템과 입법 정보 네트워크를 구축하며, 셋째, 중국의 변호사 선발 시스템을 선진화하려는 노력에 지원된다.[61]

이처럼 중국의 법제 개혁에 대한 세계은행의 지원은 경제법제에 국한된 것이 아니라 원활한 시장경제의 작동을 위한 다양한 영역에까지 이르고 있으며, 이는 궁극적으로 중국 인권법제에 대한 개선과 확립에 다방면으로 영향을 미쳤다.

(2) 아시아개발은행

아시아개발은행의 법제 개혁 지원의 핵심 영역은 세계은행과 마찬가지로 본질적으로는 경제법 영역이다. 지원 방식은 '프로그램 융자(program loan)' 혹은 법제 개혁을 목적으로 하는 '독립적인 법적 기술 지원 프로젝트(free standing legal technical assistance projects)'를 통해 진행되었다.

시장경제에 적합한 법률 체계 개발을 위해 중국이 받은 기술 지원은 다음과 같다. 중국의 법률 정보 체제 강화를 위한 기술 지원[(Technical Assistance(TA) for Strengthening of Legal Information System to China], 중국의 경제법 개발에 관한 기술 지원(TA for Development of Economic Laws to China), 중국의 사법제도 발전을 위한 기술 지원(TA for Support for the Review and Planning for Development of the Legal and Judicial System to China) 등이었다.[62]

---

61) 같은 책.

또한 경제 국제화 체제로의 편입을 위한 지원으로는 WTO 회원국과 대외통상법 개혁에 대한 기술 지원(TA for WTO Membership and Foreign Trade Law Reform),[63] 사법 체계에 의한 WTO 규칙 강화를 위한 기술 지원(TA for Enforcement of WTO Rules by the Judicial System)[64] 등이 있었다. 그밖에 중국의 국영 기업 개혁 및 기업지배구조, 민간 부문 개발, 중소기업 진흥, 금융 부문 개발, 경쟁 촉진, 천연자원 관리 및 환경 보호 등과 관련한 법제 개혁에 대한 지원도 진행되었다.

아시아개발은행의 시장경제법제 개혁 지원이 중국의 인권법제 구축에 기여했다는 사실에는 의문의 여지가 없다. 중국의 시장경제체제로의 전환과 국제화체제로의 편입은 사회주의 현대화를 국가의 근본 임무로 삼은 체제전환을 위한 개혁·개방의 결과물이었고, 중국의 체제전환과 인권법제 변화 사이에는 상호 직접적인 인과 관계가 있음은 위에서 이미 지적한 바 있다.

---

62) 민경배, 「체제전환국 법제 개혁을 위한 국제기구의 협력과 북한」, 244~246쪽.

63) ADB News from PRC: Issue 7, June 2004(Asian Development Bank, Resident Mission in the PRC); Law and Policy Reform at the Asian Development Bank, 2003 Edition(ADB, 2004), p.11; Technical Assistance to the People's Republic of China for WTO Membership and Foreign Trade Law Reform(ADB, 2001), pp.3~7.

64) ADB News from PRC: Issue 7, June 2004(ADB, Resident Mission in the PRC); Law and Policy Reform at the Asian Development Bank, 2003 Edition(ADB, 2004), pp.11~12; Technical Assistance to the People's Republic of China for Enforcement of WTO Rules by the Judicial System(ADB, 2002), pp.3~4, 6~10.

2) 쌍무적 지원기구: 일본과 독일

(1) 일본

법제 개혁에 대한 일본의 양자 간 국제지원은 대부분 일본 정부 주도 아래 일본국제협력기구(Japan International Cooperation Agency: JICA)를 통해 진행되고 있으며, 민간 차원에서 행해지기도 한다. 체제전환국의 법제 개혁에 대한 일본의 법제 지원이 시작된 것은 1993년부터였으며 그 역사가 아직은 일천하다.[65)]

체제전환국의 법제 개혁에 대한 지원은 시장경제체제의 새로운 구축에 도움이 되는 '기본적 법과 제도의 확립'에 초점이 맞춰져 있었다.[66)] JICA의 정의에 따르면, '기본적 법'이란 민법과 형법 그리고 이에 상응하는 절차법과 사법제도에 관련된 법을 의미한다. JICA가 기본적 법제의 확립을 우선시하는 이유는 권리와 의무에 대한 수원국 일반 대중의 인식을 제고하고, 권리 보장을 촉진하여 법의 지배를 확립하는 데 기여함으로써 인권 상황이 개선될 것이라고 확신했기 때문이라고 판단된다.[67)]

중국의 법제 개혁에 대한 일본의 지원[68)]을 구체적으로 소개하면 다음과 같다. JICA가 2001~2003년 'WTO 가입 지원' 프로그램을 통해 가입 이전에 '무역법' 제정 및 정책 수립에 참고가 되는 일본의 무역과 관련한 다

---

65) 민경배, 「체제전환국 법제 개혁에 대한 개별국의 국제협력과 북한」, ≪세계지역연구논총≫, 제27집, 제1호(2009), 261~262쪽.

66) JICA, "Basic Policy for Legal Assistance of Japan," paper for the World Bank Conference on Legal and Justice Reform co-hosted by the Government of Russia(2001), p.10.

67) JICA, *Approaches for Systematic Planning of Development Project: Trade and Investment Promotion*(JICA, 2004), pp.72, 75~76.

68) http://www.jica.go.jp/china/english/index.html(검색일: 2012.8.23).

양한 사례를 중국에 소개했다. 또한 중국이 2010년까지 '민법', '독점금지법', '파산법', '회사법' 등 주요 경제법 및 기업법의 수정과 초안을 통해 사회주의 시장경제로의 법률 체계를 구축할 수 있도록 지원하는 것을 목적으로, JICA는 2004년 '경제법과 기업법 유지' 프로젝트를 진행하여 일본의 전문가와 중국의 행정가들의 교환을 통해 '회사법', '독점금지법', '시장확산법'의 초안 작성, 수정 및 실제 적용, 강제를 위해 필요한 훈련 및 기술을 지원했다.

그리고 중국 전국인민대표회의 상무위원회 법제공작위원회의 지원 요청에 따라 2007년부터 3년 계획으로 "민사소송법' 및 '중재법' 개선 프로그램'이 시작되어 중국에 일본의 관련 법률 개정의 경위와 그 배경 등 필요한 정보를 제공했고, 이를 참고로 중국의 개선점을 제언했다. 개인의 권리 보호를 위한 민사 분쟁 해결의 법적 기반인 '민사소송법'의 개정은 개인의 인권에 중요한 역할을 하는 법 영역이라 할 수 있다.

그밖에 JICA는 중국의 시장경제 정착에 따른 체제전환의 원만한 성과를 도출할 수 있도록 교역과 투자의 활성화를 위한 여러 관련 법규 등에 대한 입법, 자문, 훈련 등을 지원해왔다.[69] JICA의 중국에 대한 이러한 일련의 법제 지원은 중국의 인권 환경 개선을 직간접적으로 추동했다고 평가할 수 있다.

(2) 독일

체제전환국의 법제 개혁을 위한 국제지원과 관련해 독일은 '법치국가(Rechtsstaat)'와 '법적 안정성(Rechtssicherheit)'이라는 두 가지 원칙을 두고

69) 윤대규, 「주요 국가의 개도국에 대한 법제 정비 지원 사업」, ≪통일문제연구≫, 통권 제49호(2008), 121~122쪽.

있다. '법치국가'는 인권 존중, 국가의 독점적 강제력 행사, 권력 분립, 행정의 적법성 원칙, 사법부의 독립, 입법 및 법 집행에서의 평등 보장 등을 요구하고, '법적 안정성'은 모든 시민 혹은 경제주체가 자신들의 권리를 주장할 수 있으며, 국가에 의한 자의적인 차별 대우를 받지 않음을 뜻한다.[70] 즉, 독일의 체제전환국에 대한 법제 개혁 지원 목표 역시 궁극적으로 인권 환경의 개선과 인권 보장의 강화에 맞추어져 있음을 알 수 있다. 이는 중국의 법제 개혁에 대한 지원에서도 예외일 수가 없을 것이다.

독일의 지원에서 주목되는 것은 중국 법제의 전반적 영역에 대한 지원이 정부기구와 비정부기구를 통한 다양한 주체들에 의해 1999년 이래 매년 더욱 빠른 속도로 발전하고 있다는 점이다.[71] 중국에 대해서는 1980년대 초반 특허법 초안 작성에 법적 기술 지원을 실시하면서 시작되었다. 특히 1994년부터 '노동사회보장부의 중국-독일 협력' 프로젝트를 통해 노동 및 사회보장 관련 법을 개선하여, 새로운 사회보장제도를 확립함으로써 시장경제체제로의 이행 과정에서 발생한 변화에 대응할 수 있는 고용 체계를 확립하는 법제 지원이 이루어졌다. 이는 1978년 시작된 중국의 체제전환에 따른 개혁·개방 정책으로 야기된 사회 변화에 좀 더 효과적으로 대처할 수 있는 새로운 사회보장 및 고용 체계를 확립하기 위해 중국의 노동 및 사회보장법 변화에 초점을 맞춘 지원이었다. 프로젝트의 궁극적인 목적은 중국의 노동사회보장부가 빈부격차 및 민간 기업-노동자 간 노동 분쟁에 잘 대응할 수 있도록 지원하는 것으로, 체제전환에 따른 사회적·경제적 권리의 위축과 약화를 최대한 줄일 수 있는 방안을 도출하고자 했다.

---

70) 민경배, 「체제전환국 법제 개혁에 대한 개별국의 국제협력과 북한」, 266쪽.

71) 독일의 중국 법제에 대한 지원 내용과 양국 간의 협력 내용에 대해서는 http://www.bmj.bund.de/china(검색일: 2012.8.14).

체제전환의 일환으로 비효율적인 사회간접자본(Social Overhead Capital: SOC) 대부분을 제거한 대대적인 민영화 조치는 노동 및 사회 제도의 구조적인 변화로 이어졌다. 이 조치는 중국의 많은 노동자가 사회주의적 경제제도하에서 누려왔던 종신 고용, 사회보장 혜택과 같은 특권을 포기하도록 강제하는 것이었다. 이는 일반 대중의 불만을 야기했을 뿐만 아니라, 사회주의적 경제체제하에서는 인식되지 않았던 노동 분쟁이 발생할 여지를 제공했다.

독일의 중국에 대한 법제 지원은 소위 '종합 프로그램(comprehensive programme)'의 사례로 인식되고 있다.[72] 1994년 이래 독일은 상사법의 전반적 영역 및 노동법, 사회법, 행정법 등 다양한 범주를 포괄하는 중국 법제 및 개발 프로젝트에 활발히 참여해왔다. 1999년 독-중 법치국가 논의(Deutsch-Chinesische Rechtsstaatdialog)가 시작되면서 특히 중국의 법제 및 사법 개혁을 위한 정부 차원의 협력은 양국 간의 항구적인 중요 사안으로 인식되어 현재까지 지속적으로 발전해오고 있으며,[73] 이는 향후 중국 인권법제 개선에 기여할 것으로 기대된다.

---

72) Dorothea Groth; Deutschland Bundesministerium für Wirtschaftliche Zusammenarbeit und Entwicklung, *Good Governance in German Development Co-operation: Position Paper*(Bonn BMZ, Referat Entwicklungspolitische Informations und Bildungsarbeit , 2002), p.13.

73) BMZ, "Rechtliche Zusammenarbeit zwischen Deutschland und China wird ausgebaut," (BMZ, 2006) 참조.

5. 북한에 대한 시사점과 결론

1) 북한에 대한 시사점

기존 사회주의경제 관리의 개선을 통해 큰 틀에서 국내의 계획경제를 강화하고, 대외적으로는 경제 협력과 경제특구를 확대해 세계적 추세에 호응하는 것이 북한의 김정은체제 제1기의 정책 방향으로 판단된다. 김정은이 본격적인 체제전환을 통한 개혁·개방을 이끌어내겠다는 의지를 명확하게 제시한 것은 아니지만 대외개방에 대한 의지는 지속적으로 표명하고 있다고 평가할 수 있다. 적극적이든 소극적이든 대외개방을 허용한다면, 그의 행보와 정책은 선대 지도자들과는 큰 차이를 보일 것이다. 일반적으로 '새로운 지도자는 새로운 정책'을 의미하지만, 북한의 '새 지도자' 김정은이 개혁·개방을 가속화하여 말 그대로 '새로운 시대'를 열게 될지는 시간이 일정 정도 흐른 후에야 확인할 수 있을 것이다. 현상을 타파하는 체제전환을 추진하는 데는 지도자 의지 외에도 국내외 정책주체와 환경 차원에서 여러 가지 변수가 영향을 미치기 때문이다. 이는 2013년 6월의 남북당국자회담에서도 확인할 수 있었다.

이와 관련해 30여 년 전에 진행된 체제전환과 그에 따른 인권법제의 구축, 그리고 이를 위한 국제지원 등을 통해 성공적인 성과를 거둔 중국 사례는 북한의 체제전환에 대해 몇 가지 시사점을 제시한다.

첫째, 당의 영도 원칙을 유지하면서 점진적으로 진행된 중국의 체제전환은 북한이 가장 우선적으로 따를 수 있는 모형으로 간주된다. 중국의 체제전환은 권력지배구조와 사회주의의 기본 모형에 근본적인 변화 없이 가장 성공적으로 경제 발전의 성과를 보였고, 이는 사회주의 강성대국 건설을 위해 남은 마지막 과제가 '경제강국의 건설'[74]이라는 북한의 경제 우선 원칙을 정치적으로도 뒷받침하고 있기 때문이다. 또한 중국의 체제전환이 많은 사회경제적 비용을 지불하지 않고 진행되었고, 지리적으로는 물론 정치경제적으로 밀접한 관계를 맺고 있는 북한 입장에서 중국의 경제 지원과 기술 인력의 활용은 개혁·개방의 중요한 교두보로 활용될 수도 있다. 다만 남한의 국력, 현재의 국제적 위상 등과 북한이 강조하는 '우리식' 등을 고려하여 중국 사례의 지혜로운 변용이 필요할 것이다. 한편, 북한의 내부 체제를 인권과 지나치게 결부시키는 방법은 북한 주민의 진정한 인권 보장을 위해 별다른 결과를 견인하지 못했다. 따라서 인권을 포함한 대북정책의 적극적인 행동을 위해 북한 체제를 인정하는 출발점에서 시작하는 것이 필요하다고 판단된다.[75)]

둘째, 2004년 중국이 헌법 수정을 통해 '인권 존중과 보장'을 강화한 것은 중국의 사회주의 인권 사업의 발전을 위한 법제적 조치였다. 이는 체제전환 과정에서 점진적으로 진행되어왔던 인권법제 구축을 가속화했고, 나아가 국제인권규범의 기본적인 수용을 가능하게 했다. 북한 역시 2009년 헌법 개정에서 인권을 존중하고 보호한다는 규정을 헌법에 명문화하면서 향후 체제전환에 따른 인권법제의 변화와 국제인권 레짐 참여에 대한 헌법적 차원의 중요한 도구를 마련했다. 이를 바탕으로 북한은 국내적으로는 인권법제의 구축에 힘쓰고, 대외적으로는 각종 국제인권협약에 가입함으로써 체제전환 과정에서 남한을 비롯한 서방세계의 적극적인 경제 지원과 협력을 유도하는 지혜를 발휘해야 할 것이다.

셋째, 중국은 인권과 관련한 헌법 조항을 마련하고 개별 법제의 규범적 변화를 시도했으나, 이를 실현하는 구체적인 하위법이 마련되지 않아 그

---

74) 이규창, 「김정은 후계구도하의 북한인권법제 분석과 평가」, 『2011년 남북법제 연구보고서』(서울: 법제처, 2011), 269~270쪽.

75) 윤대규, 『북한에 대한 불편한 진실』(파주: 도서출판 한울, 2013), 152~153쪽 참조.

기능이 발휘되지 못했다. 이는 사회주의 정치체제를 유지하기 위해 정치 개혁 요구 및 시민사회의 형성을 원천적으로 차단하여 정치 개혁을 요구할 수 있는 환경이 조성될 수 없도록 한 제도적 조치라고 할 수 있다. 이는 중국의 인권법제 변화의 명백한 한계점이다. 북한 역시 체제전환을 진행한다면 체제유지에 부정적인 영향을 미칠 수 있는 시민적 권리에 최대한 제약을 가하는 인권법제를 운용할 가능성이 높다. 따라서 남한과 국제사회의 적극적인 비판과 관여가 필요하다. 하지만 동시에 북한의 정치체제를 충분히 고려하는 신중한 자세가 요구된다.

북한은 중국처럼 국제인권 레짐에 이미 상당 부분 참여하고 있다. 하지만 중국에 비해 국제인권규범과 국내법이 서로 충돌하는 상황을 피하는 법제적 대응이 부족하다. 세계화 체제로 편입되는 개혁·개방 정책의 성공적인 진행에는 점진적이나마 국제인권규범의 수용이 불가피하다. 중국의 사례를 참고하여 활용하는 북한의 지혜로운 법제 사업이 요구된다. 국제사회의 보편적 인권론과 북한의 '우리식 인권관'을 결합할 수 있는 법제적 대안 마련이 절실하다.

넷째, 중국은 체제전환에 따른 사회주의 시장경제체제를 구축하기 위해 글로벌 거버넌스의 법제 개혁 지원과 그에 따른 인권법제의 구축 속도를 체제전환 속도에 맞추어 정치체제에 위협이 되지 않는 범위 내에서 점진적·선별적으로 수용할 수 있었다. 이러한 결과는 거대한 중국 시장을 염두에 둔 글로벌 거버넌스 주체들의 경제적 이익 추구에 따른 것일 수도 있지만, 이들의 법제 지원에 대한 기준과 방향을 지혜롭게 활용했던 중국의 대응 방법도 큰 역할을 했다. 특히 중국의 국제인권 레짐의 점진적인 참여는 글로벌 거버넌스의 지원을 유도할 수 있는 주요한 수단이 되었다고 볼 수 있다. 국제인권규범은 국가 구성원에 대한 국가의 정치적·시민적 그리고 경제적·사회적 행동양식을 기본적으로 규율하여 제시하고 있다.

따라서 북한은 중국 사례를 참고하여 체제전환을 위한 법제 및 구체적인 인권법제 구축이 자신의 의도대로 진행되도록 노력해야 할 것이다. 특히 중국은 물론 남한의 협력을 활용하여 인권법제 구축을 위한 국제협력을 이용할 수 있는 방안을 사전에 준비하는 노력이 필요할 것이다.

2) 결론: 남한 정부에 대한 정책적 대안

김정은 시대를 맞이한 북한은 정치적으로는 사회주의체제와 1인 독재제체가 지속되고, 경제적으로는 시장경제체제로의 전환이 논의되고 있다. 궁극적으로는 국가의 강력한 개입이 가능한 중국식 시장경제 형태로 점진적인 체제전환을 진행하는 것이 북한이 설정할 수 있는 목표의 최대치가 될 것으로 예상된다. 이러한 예상을 바탕으로 중국의 개혁·개방이 인권법제 내용의 변화에 미친 과정과 영향을 감안하여 남한 정부의 정책적 대안을 제시하고자 한다.

우선 중국이 경험하고 있는 체제전환은 대내적으로는 사회 구조와 환경의 변화를 가져옴으로써 개인의 공간을 확대하는 계기를 제공했고, 대외적으로는 국제경제에 편입하여 인권법제 건설에 대한 국제적 압력을 수용할 수밖에 없는 상황이 조성되었다는 사실에 주목해야 할 것이다. 그러나 중국 당국의 인권법제 구축과 국제인권 레짐에의 참여는 궁극적으로 국가의 근본 임무인 사회주의 현대화 건설을 실현하기 위한 수단 내지 도구로서 국민의 참여와 국제협력을 활용하려는 것이지, 진정한 의미에서 인권 개선을 위한 노력이라고는 볼 수 없다. 당의 영도 원칙에 기초한 중국의 정치체제를 근본적으로 바꾸겠다는 의도나 징후를 발견할 수 없기 때문이다. 따라서 인권과 관련한 남한 정부의 대북정책의 목표는 북한의 사회주의 독재정치체제를 인정하면서 체제전환을 유도하여 북한의 강성대국 건설에 마지막 남은 과제인 경제 강국 건설 완수와 그에 상응하는 인권 개선을 위한 법제 구축에의 협력적인 태도 변화를 이끌어내는 것에 맞추어져야 할 것이다. 인권과 직간접적으로 연관될 수밖에 없는 북한의 정치체제전환에 남한이 간섭하는 정책은 남북한 간의 어떠한 협력도 불가능하게 만들 것이기 때문이다. 그러나 장기적인 안목에서 북한의 개혁·개방에 대한 남한의 적극적인 경제 협력에 따른 북한의 체제전환은 훗날 정치적 체제전환을 위한 계기로 작용할 수 있을 것이다. 또한 북한의 개혁·개방의 진행과 인권법제의 구축을 위한 다자간 내지 양자 간 국제지원에 대한 남한의 적극적인 노력과 지원 또한 필요할 것이다.

참고문헌

〈국문〉

강효백. 2010.「국제인권규약 가입에 따른 중국 헌법상 기본권 조항의 현황과 개선 논의 분석」, ≪중앙법학≫, 제12집, 제3호.

민경배. 2001.「서구 인권사상의 역사적 발전과 현황에 대한 고찰」. ≪공법학연구≫, 제3권, 제1호.

_____. 2004.「중국의 공산당정책(규범)과 국가법의 관계」. ≪공법학연구≫, 제5권, 제3호.

_____. 2006.「체제전환국 법제의 특징과 구조」. ≪통일문제연구≫, 통권46호.

_____. 2009.「체제전환국 법제 개혁을 위한 국제기구의 협력과 북한」. ≪통일문제연구≫, 제21권, 제1호.

_____. 2009.「체제전환국 법제 개혁에 대한 개별국의 국제협력과 북한」. ≪세계지역연구논총≫, 제27집, 제1호.

_____. 2010.「중국의 노동법제 발전을 통해 본 북한의 노동법제 변화 전망」. ≪통일정책연구≫, 제19권, 제1호.

서보혁. 2007.『북한인권: 이론·실제·정책』. 파주: 도서출판 한울.

양해곤. 2009.「中國制定 '尊重和保障人權法' 的學者主張」. ≪사회과학논집≫, 제17권, 제1호. 울산: 울산대학교.

윤대규. 2008.「주요국가의 개도국에 대한 법제 정비 지원 사업」. ≪통일문제연구≫, 통권 제49호.

_____. 2013.『북한에 대한 불편한 진실』. 파주: 도서출판 한울.

윤영덕. 2008.「개혁·개방 이후 중국의 인권관과 인권정책」. ≪민주주의와 인권≫, 제8권, 제2호.

이규창. 2011.「김정은 후계구도하의 북한인권법제 분석과 평가」.『2011년 남북법제 연구보고서』. 서울: 법제처.

이금순·김수암. 2006.『개혁·개방과정에서 인권의제: 이론과 실제』. 서울: 통일연구원.

이희옥. 2004.『중국의 새로운 사회주의 탐색』. 서울: 창비.

정은숙. 2012.『글로벌 거버넌스와 국제안보』. 파주: 도서출판 한울.

林嘉. 2008.「21世紀中國勞動法范式的轉變」. ≪노동법학≫, 제28호.

〈중문〉

譚世貴. 2007.『國際人權公約與中國法制建設』. 武昌: 武漢大學出版社.

董云虎·常健 主編. 2009.『中國人權建設60年』. 南昌: 江西人民出版社.

鄧小平. 1993.「一切從社會主義初級段階的實際出發」.『鄧小平文選 第三卷』. 北京: 人民出版社.

莫紀宏 主編. 2008.『人權保障法與中國』. 北京: 法律出版社.

毛澤東. 1968.「工人階級與資産階級的矛盾是國內主要矛盾」.『毛澤東選集 第五卷』. 北京: 人民出版社.

楊先材 主編. 1995.『中國革命史(第二版)』. 北京: 中國人民大學出版社.

王文昇. 1987.「社會主義初級段階的含義, 特徵和歷史地位」. ≪社會科學≫, 第六期.

王月明. 2006.『憲法學基本問題』. 北京: 法律出版社.

王學東. 2007.『外交戰略中的聲譽因素硏究-冷戰後中國參與國際制度的解釋』. 天津: 天津人民出版社.

劉杰. 2010.「中國參與推動世界人權發展的實踐和模式」. ≪人權≫, 2010年 第一期.

李曙光. 2004.『轉型法律學: 市場經濟的法律解釋』. 北京: 中國政法大學出版社.

林喆 主著. 2006.『公民基本人權法律制度硏究』. 北京: 北京大學出版社.

張志京 主編. 2008.『勞動法學 第二版』. 上海: 復旦大學出版社.

陣佑武. 2008.『人權原理與中保障』. 長沙: 湖南人民出版社.

陳荷夫 編. 1980.『中國憲法類編』. 北京: 中國社會科學出版社.

編寫組. 2007.『十七大黨章學習讀本』. 北京: 人民出版社.

郝紅梅. 2007.「論村民自治權及其運行中的權力制約問題」. 肖金明 主編.『人權保障與權力制約』. 濟南: 山東大學出版社.

韓大元. 2009.『憲法學基礎理論』. 北京: 中國政法大學出版社.

"江澤民暢談國際國內大事". ≪人民日報≫, 1991年 11月 2日.

"不許利用'人權'問題干涉我國內政". ≪人民日報≫, 1990年 3月 27日, 第7版.

〈영문〉

Asia Development Bank. 2001. *Technical Assistance to the People's Republic of China for WTO Membership and Foreign Trade Law Reform*. ADB.

_____. 2002. *Technical Assistance to the People's Republic of China for Enforcement of WTO Rules by the Judicial System*. ADB.

_____. 2004. *Law and Policy Reform at the Asian Development Bank*(2003 Edition).

ADB.

BMZ. 2002. "Good Governance in German Development Cooperation: Position Paper." BMZ.

_____. 2006. "Rechtliche Zusammenarbeit zwischen Deutschland und China wird ausgebaut." BMZ.

Hesse, Konrad. 1999. *Grundzüge des Verfassungsrechts der Bundesrepublik Deutschland, 20. Aufl.* Heidelberg: C. F. Müller Verlag.

JICA. 2001. "Basic Policy for Legal Assistence of Japan." paper for the World Bank Conference on Legal and Justice Reform co-hosted by the Government of Russia, 2001.

_____. 2004. *Approaches for Systematic Planning of Development Project: Trade and Investment Promotion.* JICA.

Kühnhardt, Ludger. 1991. *Die Universalität der Menschenrechte, 2. Aufl.* Bonn.

World Bank. 2004. *Initiatives in Legal and Judicial Reform.* World Bank.

_____. 2005. *Implementation Completion Report, Economic Law Reform Project, People's Republic of China.* World Bank.

_____. *Implementation Completion Report, Economic Law Reform Project, People's Republic of China.* World Bank.

ADB News from PRC. 2004. Issue 7(June 2004).

http://www.jica.go.jp/china/english/index.html(검색일: 2013.6.7).

제5장

중국과 타이완의 분단상황관리법제 분석

양안관계에 대한 글로벌 거버넌스의 관여*

최은석

1. 서론

분단국인 중국과 타이완은 양안 간의 상이한 체제에도 불구하고 '하나의 중국' 원칙을 내세우며 새로운 국제 환경에 걸맞은 체제로 전환하는 면모를 보여주었다. 이러한 과정은 넓은 의미에서 체제전환으로 볼 수 있는데, 양안 간 상이한 체제의 극복은 국제 환경의 변화에 따라 분단 주체가 능동적으로 상호관계를 발전시키고 적절한 체제 통합 방식을 선택함으로써 이루어져왔다. 양안관계에서 나타난 중국과 타이완의 법제 개혁은 한국에 남북의 분단을 관리하는 것과 관련해 시사점을 제공할 것이며, 양안관계의 법 체제전환과 글로벌 거버넌스 연구를 통해 북한에 주는 교훈을 찾는 작업은 매우 중요하다.

남북한은 이제 분단 상황의 관리라는 소극적인 패러다임에서 벗어나 통일 지향적 패러다임으로 나아가야 할 때이다. 중국과 타이완은 '하나의

* 이 글은 정부(교육부) 재원으로 한국연구재단의 지원을 받아 수행된 것으로, 최은석, ≪통일연구문제≫, 통권 59호(평화문제연구소, 2013)에 게재된 것을 일부 수정한 것입니다.

국가'를 표방하면서 분단 상황을 법적 조치를 동원해 관리함으로써 원만한 관계를 유지하는 통합의 모습을 보여주고 있다. 양안이 이러한 관계로 발전하기까지 중국과 타이완은 각기 국내적으로 어떤 대응 기제를 마련해왔고, 글로벌 거버넌스 차원에서는 어떻게 분단 상황의 갈등 문제를 안정적이고 효율적으로 유지할 수 있도록 법제적 협력과 지원을 해왔는지 검토하는 것이 이 글의 목적이다.

따라서 이 글은 양안 간 분단 상황 관리가 어떻게 체제전환으로 진행되어 왔는지 그 과정을 고찰하고, 글로벌 거버넌스 차원에서 진행한 양안관계에 대한 법제 협력 내지 법제 지원 사례들을 살펴보고자 한다. 이는 사회주의체제와 자본주의체제로 나뉜 분단 상대국의 정치경제적 상황을 '하나의 국가' 원칙 내에서 어떻게 관리하고 교류와 협력을 발전시켜왔는지, 또한 이를 통해 양국은 어떻게 변화해왔는지를 고찰하는 것이다.

한편, 남북한이 분단 갈등 상황에서 교류 협력을 강화하고, 나아가 남북한 통합의 길로 나가기 위해 우선적으로는 북한의 체제 변화가 있어야 할 것이지만, 현재 북한의 상황에서는 쉽지 않다. 지난 2012년 6월 북한은 김정은의 새로운 경제관리조치라고 하는 '6·28 방침'을 도입했고, 장성택이 중국을 방문하는 등 새로운 변화를 예고했다.

또한 이 글은 양안관계의 발전을 교훈삼아 북한이 시장경제체제를 도입하기 위한 법제 건설 과정에 글로벌 거버넌스 차원의 지원은 어떤 유형으로 진행되어야 하는지, 그리고 남북한 분단 상황에 가장 합리적인 대안은 무엇인지를 찾고자 한다.

양안관계에 대한 분단상황관리법제 연구는 중장기적 접근을 통한 북한의 실질적 법제 수요에 관한 추정을 이끌어낼 수 있다는 점에서 유용하다. 아래에서는 중국과 타이완의 분단국으로서의 법적 환경 등을 살펴보고, 북한의 시장경제법제 구축을 위해서 필요한 글로벌 거버넌스 차원의 국제 법제협력은 무엇인지, 분단 당사국인 남한은 어떤 역할을 수행해야 하는지, 그리고 분단국이라는 특수한 상황에서 남한의 분단관리법제를 북한에 적용할 경우 직면할 수 있는 한계점은 무엇인지를 찾아보는 데 역점을 두고자 한다.

2. 양안 간의 분단상황관리법제

1) 중국의 분단상황관리법제의 지향점

분단상황관리법제 측면에서 중국과 타이완은 양안 간의 차이점보다는 공통점을 공유했기 때문에 '하나의 중국' 원칙을 실현할 수 있었다고 볼 수 있다. 즉, 타이완은 내수 한계를 극복하기 위해 중국의 거대한 시장이 필요했고, 중국은 대륙적 차원에서 타이완과의 친인척 관계를 비롯한 자본주의 시장의 우수성을 인정하는 것이 중국의 미래를 위해 거국적으로 관리해야 할 부분이라는 당위성에 대한 인식이 있었다.

그런 점에서 중국의 일국양제(一國兩制) 원칙은 타이완에 대해 매우 유효하게 진행되었고, 타이완의 입장에서는 이를 수용할 수밖에 없는 적정한 시기에 타결되어 양안 간의 분단 상황을 관리하는 법제 수요가 자연히 수반되었다.

(1) 일국양제

① 헌법상 일국양제 명문화

중화인민공화국 헌법은 중국의 국가법으로서 국가의 근본 제도와 근본 임무를 규정하고 최고의 법률 효력을 가진다.[1] 현행 중국 헌법은 2004

년 3월 개정한 것이다. 그렇지만 일국양제와 중국의 사회주의 시장경제을 처음으로 명문화한 것은 1982년 헌법으로, 이것이 오늘날 중국의 기초가 되었다고 해도 과언이 아니다.[2] 그 이전에는 일국양제의 구상이 형성되지 못했기 때문에, 1954년, 1975년, 1978년에 제정된 헌법에서는 일국양제 사상의 어떠한 내용도 구체화된 적이 없었다.

1982년 헌법은 1980년 9월부터 기초를 다졌고, 이후 약 2년 4개월의 입안 기간은 일국양제의 구상이 형성되고 성숙해지는 단계였다. 그러나 1982년 헌법의 기초 과정 초기, 몇몇 초안의 시작 단계에서는 일국양제의 내용이 들어 있지 않았다. 후에 1981년 예젠잉(葉劍英)이 대표하여 타이완에 대한 아홉 가지 정책 방침을 발표했고, 평화통일 실현 후 타이완은 특별행정구로 지정해 고도의 자치권[3]을 향유할 수 있는 방향을 제시했다.

1982년 9월에 이르러 당시 영국의 마거릿 대처(Margaret Thatcher) 수상이 베이징을 방문하여 덩샤오핑과 회견을 한 후, 중국과 영국 정부는 홍콩문제[4]에 대한 회담을 진행하기 시작했다. 회담에서 중국 측은 일국양제

---

1) 許崇德, 「中國 "一國兩制"理論의 法的 表現」, 『韓·中法制發展 및 北韓法制動向 學術세미나』(北京: 中國 北京 人民大學 法學院, 2000.8.11), p.1.

2) 중국 헌법 개정 연혁은 다음과 같다. 1982년 12월 4일 제5기 전국인민대표대회 제5차 회의 통과, 1982년 12월 4일 전국인민대표대회가 공포·시행, 1988년 4월 12일 제7기 전국인민대표대회 제1차 회의 통과 중화인민공화국헌법 개정안, 1993년 3월 29일 제8기 전국인민대표대회 제1차 회의 통과 중화인민공화국헌법 개정안, 1999년 3월 15일 제9기 전국인민대표대회 제2차 회의 통과 중화인민공화국헌법 개정안, 2004년 3월 14일 제10기 전국인민대표대회 제2차 회의 통과 중화인민공화국헌법 개정안에 의거해 수정한 것이 현재에 이르고 있다.

3) 이 자치권은 타이완의 현행 사회경제제도의 불변, 생활 방식의 불변, 외국과의 경제문화관계의 불변 등을 포함하는 것이다.

4) 일국양제와 홍콩문제에 대해서는 李昌道, 「'一國兩制' 是香港基本法的核心」, 『2005 韓·中國際學術會議』(上海: 國民大 法大 北韓法制研究 Center·法學研究所·韓國法學教授會 北韓法研究特委/中國復旦大學 法學院, 2005.6.28), p.1.

에 관한 12개조의 기본 방침 정책을 제시했다. 이런 특수 상황을 반영하여 헌법 초안에 다음과 같은 내용이 명기되었다.

현행 중국 헌법 제31조는 "국가는 필요 시 특별행정구를 설치할 수 있다. 특별행정구에 실행하는 제도는 구체적 상황에 따라 전국인민대표대회가 법률로 정한다"고 규정하고, 이와 상응하여 헌법 제62조는 전국인민대회가 "특별행정구의 설치 및 그 제도를 결정"한다고 규정했다. 중국의 펑전(彭眞)은 이 같은 헌법 규정과 관련해 "국가의 주권을 수호하고 국가 통일과 영토완정의 원칙을 옹호하는 데 결코 모호하게 할 수 없다. 동시에 구체적 정책과 조치에 대해서는 상당한 융통성을 가진다"[5]고 설명했다. 이는 일국양제 정신을 나타내는 매우 적절한 설명이다.

② 일국양제의 법적 근거와 홍콩에 대한 탄력적 적용

중국의 학자 이창도(李昌道)는 일국양제는 "하나의 국가에 두 가지 제도를 말하는 것으로, 구체적으로는 10억 인구가 거주하는 대륙 중화인민공화국에서는 사회주의를 실행하고 홍콩과 타이완 등지에는 자본주의를 실행한다"는 것이다. 이는 덩샤오핑을 핵심으로 하는 중국공산당 영도 집단이 타이완, 홍콩, 마카오의 실지 상황을 결합하여 제시한 평화적 통일 구상의 일환이며 중국의 국가 기본 정책이다. 이창도는 일국양제는 중국 특색의 사회주의 이론체계의 중요한 부분이며, 통일 대업에 역사적 공헌을 하고 있다고 설명한다.

따라서 중국의 일국양제의 핵심은 한 국가 내에 자본주의와 사회주의를 공동으로 두는 시스템을 운용하는 것이며, 타이완과의 분단 문제를 하

5) 彭眞, 「中華人民共和國憲法改正草案報告」, 『中華人民共和國 第5期 全國人民代表大會 第5次 會議文件』(北京: 中國人民出版社, 1983), p.24.

나로 통합하기 위한 소위 분단 관리 제도라고 할 수 있다.

'일국양제'는 타이완 문제를 해결하기 위해 구상되었는데, 1979년 1월 1일 전국인민대표회의 상무위원회는 '타이완 동포에 고하는 글(告臺灣同胞書)'에서 "통일 문제를 해결하는 데 타이완의 현실 상황과 타이완 각계 인사의 의견을 존중하며, 합리적 정책과 방법을 채택하여 타이완 인민의 손실이 없도록 한다"는 내용을 발표했다. 이어서 1981년 9월 30일 전국인민대표회의 상무위원회 예젠잉 위원장은 국가를 대표하여 아홉 개 조문의 방침을 선포했고, 여기에는 "국가는 통일을 실현한 후 타이완은 특별행정구로서 고도자치권을 향유할 수 있고 군대를 유지할 수 있다. 중앙정부는 타이완의 사무를 간섭하지 않는다"는 내용이 포함되었다. 1982년 1월 1일 덩샤오핑은 외국 인사를 접견하는 자리에서, "예젠잉 위원장이 타이완 문제에 대해 발표한 아홉 개 방침은 실지로 일개국가, 양종제도(一個國家, 兩種制度)이다"라고 발언한 것[6]에서도 분단 상황을 관리하고자 하는 중국의 국가 정책이 잘 나타난다.

'일국양제'는 우선 타이완을 고려한 것이지만, 1970년대 말 중국이 홍콩에 대한 주권을 행사하고자 함에 따라 홍콩 문제를 해결하는 데 이용되었다. 1982년 9월 24일 덩샤오핑은 영국의 클레먼타인 처칠(Clementine Churchill) 부인과의 대화에서 중국 정부가 홍콩에 대한 주권을 회복한다는 확고한 입장을 밝힘과 아울러, "홍콩의 정책, 현행 정치, 경제에 적합한 제도를 실행하고, 대부분의 법률을 그대로 유지하며, …… 홍콩에서는 장차 자본주의를 실행하며 현행 제도의 상당 부분을 유지할 것이다"라고 재차 설명했다.

1984년 6월 덩샤오핑은 홍콩 상공업계 방문단에게 일국양제의 구상과

---

6) 李昌道, 「'一國兩制' 是香港基本法的核心」, p.1.

근거를 자세히 설명했다. 그는 국가 통일의 실현은 민족의 희망이며 통일 문제를 해결할 방안은 일국양제뿐이라고 강조하고, 일국양제는 곧 홍콩인이 홍콩을 다스리는 정책임을 역설했다. 덩샤오핑의 일련의 발언에서 일국양제 구상이 당시 상당히 구체화되어 있었음을 알 수 있다.

홍콩 반환 이후 홍콩은 중국의 일부가 되었다. 그렇다면 왜 홍콩은 일국양제의 구상에 따라 자본주의를 실행하는가? 이 지점에서 홍콩의 역사적 배경과 현실을 인정하고 중국의 현실을 감안한 중국 정부의 현실 인식이 엿보인다. 일국양제의 방침으로 홍콩 문제를 해결함으로써 중국은 영국과 홍콩의 큰 지지를 받았다. 이로써 홍콩의 장기적인 번영을 보장할 수 있었고, 중국의 개혁·개방과 현대화 건설에도 이롭다는 것이 증명되었다.

홍콩 반환과 관련하여 영국의 글로벌 거버넌스는 중국에 대해 어떤 역할을 수행했을까. 현실적으로 홍콩 반환은 체제전환에 직접적인 영향을 미치지는 않았지만, 중국에 대한 영국의 영향력은 매우 컸다. 세계시장은 중국의 글로벌화를 요구했고, 중국은 글로벌 거버넌스 차원에서 요구하는 글로벌 스탠더드를 준수하기 위해 사회 각 방면에서 법제 개혁을 자체적으로 추진해왔다.

③ 일국양제의 법적 구현

중국의 분단 상황에서 '홍콩특별행정구기본법(香港特別行政區基本法, 이하 홍콩기본법)」은 분단 상황을 관리할 수 있는 법률이다. '홍콩기본법'이 구체화한 일국양제는 크게 세 가지 측면으로 살펴볼 수 있다.

첫째, 홍콩특별행정구를 설치하며 중앙인민정부의 직할로 한다. '홍콩기본법' 제1조는 "홍콩특별행정구는 중화인민공화국의 불가분의 부분이다"라고 규정하고 있다. 또한 제12조는 "홍콩특별행정구는 고도자치권을 향유하는 중화인민공화국의 한 지방행정구역이며 중앙인민정부에 직할

한다"고 규정하여 홍콩의 법적 지위를 명확히 했고, 홍콩특별행정구의 직권 범위 및 중앙정부와의 관계를 분명히 했다. 이것이 '일국'의 구체화이다. 홍콩특별행정구의 고도자치권의 향유는 독립적인 정치적 실체를 의미하는 것이 아니다.

외교와 국방은 국가 주권의 중요한 표현이며, 이러한 권한은 중앙정부가 통일적으로 관리한다. 중앙인민정부는 홍콩에 군대를 주둔시키지만 군대는 홍콩특별행정구의 지방 사무를 관여하지 않으며 지역의 치안사무는 여전히 특별행정구가 책임진다.

둘째, 홍콩특별행정구는 고도자치(高度自治)를 실행한다. 홍콩은 내지(內地)와는 다른 사회제도와 경제제도를 실행하며, 이는 고도자치권을 부여하는 것으로서 포괄적인 행정관리권, 입법권, 독립적 사법권과 종심권(終審權)을 포함한다. 자치권을 행사한다는 것은 분단 상황을 관리하는 측면에서 특별행정구의 독자성을 인정한다는 것으로 해석할 수 있다. 행정관리와 관련해 '홍콩기본법'은 특별행정구는 행정 사무를 스스로 처리한다고 규정한다. 여기에는 재정 경제, 상공 무역, 교통 운수, 토지와 자연자원의 개발과 관리, 교육·과학기술, 문화·체육, 사회 치안, 출입국 관리 등의 자치권을 포함된다. 홍콩특별행정구는 재정적인 독립을 유지하고, 재정 수입은 모두 특별행정구의 필요에 사용되며 중앙정부에는 일절 납부하지 않는다.

셋째, 홍콩이 유지해온 현행 사회경제제도와 생활 방식은 변함이 없다. '홍콩기본법' 제5조는 "홍콩특별행정구는 사회주의 제도와 정책을 실행하지 않으며, 원래의 자본주의 제도와 생활 방식을 유지하며 50년간 변경하지 않는다"고 명시하고 있다. 섣불리 변경할 경우 홍콩의 안정과 번영을 유지할 수 없기 때문이다. 홍콩은 국제 금융 및 무역의 중심이라는 경제적 가치가 높을 뿐 정치 도시는 아니다. 따라서 내지의 정치나 경제 모델을 홍콩에 옮겨 놓을 필요가 없는 것이다. 덩샤오핑이 말한 바와 같이, 홍콩은 우선 현행의 자본주의 제도와 생활 방식이 보증되며, 1997년 이후 50년간 변함이 없을 것이다. 현행 제도를 유지하는 것은 홍콩의 국제 금융 및 무역에서의 중심적 지위를 지속하는 데 도움이 되고, 홍콩의 양호한 투자 환경과 자유항의 지위를 영위하는 데 이롭기 때문이다.

'50년간 불변'이라는 조건은 '양제'가 장기간 지속될 것임을 보여준다. 덩샤오핑이 클레멘타인 처칠과의 담화에서 "만약 본 세기 내에 우리가 개혁 정책을 실행하면, 다음 세기 전반 50년 이내에 중국은 선진국 수준에 도달할 것이고, 이러한 정책에서 벗어날 수도 없고 벗어나서도 안 된다. 우리가 말하는 50년은 즉흥적인 생각에서 나온 것이 아니며 중국의 현실과 발전을 고려한 것이다"고 말한 바 있다. 따라서 홍콩에서의 자본주의 실행은 50년간 변하지 않을 뿐만 아니라 50년 후에도 변하지 않을 것이다. 사회주의를 존속하고 있는 내지는 50년 후에도 개방 정책을 실행할 가능성이 높고, 따라서 홍콩의 자본주의 유지를 필요로 할 것으로 예상할 수 있다.

(2) '반국가분열법'

'반국가분열법(反國家分裂法)」은 분단 상황을 관리하기 위해 중국에서 입법 추진되었다. 따라서 타이완을 중국식으로 체제전환시키는 것과는 무관하지만, 분단 상황을 관리해야 하는 중국의 입장에서 입법의 필요성이 제기되었다고 할 수 있다. 이 점에서 '반국가분열법'의 내용을 파악하는 것은 의미가 있다.

'반국가분열법'은 2005년 3월 8일 열린 중국의 제10기 전국인민대표대회에서 초안이 공개되었으며, 3월 14일 통과되었다. 이 법은 중국이 타이완의 독립을 저지하기 위해 '비평화적 수단'을 동원할 수 있도록 규정하고 있는데, 중국은 이 법을 통해 타이완에 대한 무력행사를 처음으로 합법화했다.

'반국가분열법'은 모두 열 개 조문으로 구성되어 있으며, "평화통일과 일국양제가 타이완 문제 해결의 기본 방침이지만, 타이완이 중국으로부터 분열을 초래하는 중대 사안을 발생시킬 경우 비평화적 방식을 채택하여 국가 주권과 영토를 보전할 것"이라고 규정하고 있다. '반국가분열법'의 주요 내용은 ① 입법 취지와 적용 범위, ② 타이완 문제의 성격, ③ 평화적 방법에 의한 국가통일 실현, ④ 비평화적 방식에 의한 타이완 독립 저지 등 네 개 부문으로 되어 있다.

이 법의 핵심은 타이완 독립을 염원하는 분열 세력이 어떤 명분과 방식으로든 타이완을 중국에서 분열하는 사실을 조성할 경우, 타이완을 중국에서 분열할 수 있는 중대한 사태가 발생할 경우, 평화통일 가능성이 완전히 상실될 경우에 국가는 비평화적 방식 및 기타 필요한 조치를 취해 국가 주권과 영토의 보존을 보위한다고 규정한다는 점이다.

이 법 제1조에서는 "타이완 독립·분열 세력이 국가를 분열하는 것을 반대·저지하고 조국의 평화통일을 촉진시키며, 타이완 해협 지역의 평화와 안정, 국가 주권과 영토 보전, 중화민족의 근본 이익을 수호하기 위해 헌법에 근거하여 본 법을 제정한다"고 하여 분단 상황 관리를 위한 입법 목적을 분명히 하고 있다.

특히 제2조는 세계에는 오직 하나의 중국만이 존재하며 대륙과 타이완은 하나의 중국에 속하고 중국의 주권과 영토는 보존되어야 하며 분할을 허용하지 아니하고, 국가 주권과 영토 보존을 수호하는 것은 타이완동포를 포함해 전체 중국 인민의 공동 의무로 규정하고 있다. 또한 제3조에서는 현재 타이완 문제는 중국 내전의 산물이라고 명문화하여 양안관계의 상황을 입법화한 특징을 보여준다. 따라서 타이완 문제를 해결하고 조국

통일을 실현하는 것은 중국의 내정이며, 어떠한 외국 세력의 간섭도 받지 않겠다는 점을 입법한 것이라고 볼 수 있다.

2) 타이완의 분단상황관리법제

(1) 타이완의 분단 상황과 중국과의 협상

'반국가분열법'은 중국에서 타이완 해협 양안의 평등한 협상과 담판을 통해 평화통일을 실현할 것을 강조하기 위해 입법된 것이다. 반면, 타이완의 입장에서는 아직까지 중국과 같이 별도의 분단 상황 관리를 위한 특별법 성격의 입법은 제안되지 않은 것으로 보인다. 다만, 타이완의 경우 입법을 통한 법적 대응보다는 중국과의 협상과 담판을 통해 관계를 유지하고자 했다. 협상과 담판은 절차 및 단계를 나누어 진행하며 방식은 다양한 형태로 할 수 있도록 했고, 타이완 해협 양안은 다음의 사항에 대해 협상과 담판을 진행할 수 있도록 했다.

① 양안의 적대 상태를 정식 종결함

② 양안관계의 발전 계획

③ 평화통일의 절차와 안배

④ 타이완 당국의 정치적 지위

⑤ 타이완 지역의 국제적 및 기타 지위에 상응하는 활동 공간

⑥ 평화통일 실현과 관련된 기타 모든 문제

그리고 타이완 해협 지역의 평화와 안정을 수호하고 양안관계의 발전을 이루기 위해 다음의 다섯 가지 사항을 명문화했다.

① 양안 인원의 왕래를 격려하고 촉진시켜 이해를 증진시키고 상호 신뢰

를 증강시킨다.

② 양안의 경제 교류와 협력 및 직접 통우(通郵)·통항(通航)·통상(通商)을 격려하고 촉진시켜 양안의 경제관계를 긴밀하게 하며 호리호혜(互利互惠)를 이룬다.

③ 양안의 교육, 과학기술, 문화, 위생, 체육 교류를 격려하고 촉진시켜 중화문화의 우수한 전통을 공동으로 발양한다.

④ 양안의 공동 범죄 단속을 격려하고 촉진시킨다.

⑤ 타이완 해협 지역의 평화와 안정을 수호하고 양안관계를 발전시키는 데 유리한 기타 활동을 격려하고 촉진시키며, 국가는 법에 의거하여 타이완 동포의 권리와 이익을 보호한다.

(2) 타이완의 현행 법규 제도와 양안관리조례

① 타이완의 현행 법규 제도

당시 타이완은 거대 대륙인 중국의 미래를 잘 알고 있었다. 따라서 현행 법규를 어떻게 탄력적으로 운용해야 하는지 알고 이에 적절히 대응해 온 것으로 판단된다. 타이완지구의 현행 법규 제도는 1949년 12월 국민당 통치 집단의 잔여 세력이 타이완으로 후퇴한 후 중국의 한 개 지방당국으로 인가 혹은 제정된 타이완지구의 사회관계를 조정하는 각종 규범을 총칭한다. 즉, 총체적으로 타이완지구의 현행 법제도는 국민당 통치 집단이 타이완으로 후퇴한 후에 중국과 타이완에서 형성한 한 부의 특수지구의 법규에 속하며 중국의 지방규범적 속성을 가지고 있다.[7)]

비록 이런 법규 제도는 형식상에서 육법전서(六法全書)를 모방했겠으나, 질적으로나 내용적인 적용 범위 면에서는 큰 차이가 있다. 한편, 50여

7) 張万明, 『涉台法律問題總論』(臺灣: 法律出版社, 2003), p.3.

년 동안 타이완 당국은 타이완지구의 정황과 환경의 변화에 따라 원래의 모든 법규를 수정했으며 새로운 규정을 대거 창설했다. 이미 수적으로는 기존의 법규를 초과했고 점점 증가되는 추세이다. 타이완지구의 현행 법규 제도는 타이완지구에만 적용된다.

② 양안관리조례

'양안관리조례'는 내용은 제1장 총칙, 제2장 행정, 제3장 민사, 제4장 형사, 제5장 벌칙, 제6장 부칙으로 모두 6장 96조로 구성되어 있다. 이 조례 제1조는 "국가가 통일되기 전에 타이완지구의 안전과 주민의 복지를 확보하고 타이완지구와 대륙지구 주민의 왕래를 규범화하며, 아울러 이로부터 파생되는 법률 사건을 처리하기 위하여 특별히 양안관리조례를 제정한다. 양안관리조례에서 규정하지 아니한 것은 기타 관련 법령의 규정을 적용한다"고 하여 그 입법 목적을 보여준다.[8)]

타이완은 양안관계조례를 제정함으로써 서로 다른 법률 규범을 가진 중국과의 교류와 거기에서 파생되는 법률문제를 처리하고자 했다. 이처럼 양안관리조례는 양안 정부 차원의 접촉 문제와는 무관하게 분단 상태에서 허용되는 양안관계를 규율하기 위한 기본법으로 제정되었으며, 타이완과 중국이 서로 대등한 정치 실체로 인정하기 이전 단계에서 적용되는 한시법이라고 할 수 있다.

---

8) 중국과 타이완의 양안관계의 형성과 교류 협력의 전개 양상에 관한 자세한 내용은, 최은석, 『남북한과 중국·타이완의 교류협력법』(파주: 한국학술정보, 2006), 133~175쪽; 이종훈, 『양안통일이 시작되었다: 중국, 타이완 교류 협력 정책 및 법제』(파주: 한국학술정보, 2009) 참조.

3. 분단국 관리를 위한 양안의 법 체제전환과 글로벌 거버넌스

탈냉전 후 새로운 세계질서가 형성되는 과정에서 유럽에서는 극적인 냉전 종식이 이루어졌지만, 동북아에서의 대결 구도는 그리 순탄하게 풀리지 않는 듯하다. 동북아 지역에는 분단문제, 영토문제, 군비경쟁문제 등 냉전 요소가 여전히 남아 있다. 미국의 중국 견제 및 친타이완 정책, 긴장과 화해를 반복하는 중국-타이완 간 양안관계, 북한 핵실험 및 장거리 미사일 발사, 일본의 자위대 역할 변경 및 정치인의 우경화 등 동북아 지역 내의 다양한 긴장 요인들은 상당 기간 계속될 것으로 보인다.[9]

1) 분단국 관리를 위한 중국과 타이완의 법 체제전환

홍콩의 회귀 이후, 중국 중앙정부는 약속을 성실히 준수하여 일국양제를 엄격히 실행했다. 아시아 금융위기와 경기 쇠퇴로 홍콩은 여러 가지 풍파를 맞았고, '홍콩기본법'에 벗어나는 상황도 발생했다. 그러나 노력을 기울인 끝에 '홍콩기본법'에 근거한 일국양제는 어느 정도 안정기에 접어들었고, 회귀 이후 8년간 실시된 '홍콩기본법'은 다음과 같은 시사점을 주고 있다.

(1) 일개국가(一個國家)를 전제한 분단 상황 관리제도 채택

'일국양제'는 하나의 국가를 전제로 양종 제도를 실시하는 것으로, 일국양제는 반드시 하나의 국가, 즉 중화인민공화국을 전제로 한다.[10] '일국'

---

9) 최은석, 「분단국의 교류협력법제와 동북아 질서 재편」, ≪통일문제연구≫, 제21권, 제2호(2009), 76쪽.

10) 기본적인 정합이론과 양안관계에 관해서는, 吳新興, 『整合理論與兩岸關係之研究』

이 '양제'의 전제라는 점은 다음 세 가지 측면에서 살펴볼 수 있다.

첫째, 홍콩특별행정구의 권력의 연원에서 본 분석이다. 홍콩특별행정구는 중앙정부에 직할하는 지방행정구역의 하나이며, 그 고도자치권은 중앙의 수권에서 비롯되며, 국가 주권은 지방자치권의 전제이다. 먼저 국가권력이 있고 그다음에 지방권력이 있으며, 먼저 중앙정부가 있고 그다음에 지방정부가 있다.

둘째, 국가제도체계의 구성으로 본 분석이다. 국가제도는 지방제도의 전제와 기초이다. '홍콩기본법'은 최고권력기관이 헌법에 근거하여 제정했으며, 그 해석과 개정은 최고권력기관이 담당한다. '홍콩기본법'은 전국성 법률이며 홍콩에서는 헌법적 지위를 가지는 법률이다. 국가 헌법과 '홍콩기본법'은 홍콩이 특별행정구의 법적 지위를 획득하는 전제이자 기초라고 할 수 있다. 홍콩 지방의 정치, 경제와 법률 제도는 국가제도 체계 밖에 독립된 것이 아니며 전체 국가제도의 일부분이다.

셋째, 홍콩의 번영과 안정에서 본 분석이다. 국가의 번창은 지방의 홍망의 기초가 된다는 것이다. 최근 홍콩은 아시아 금융위기를 극복했고, 많은 홍콩 시민은 중국이 나아지면 홍콩도 좋아진다는 생각을 하게 되었다. 국가의 거대한 뒷받침이 없다면 홍콩의 번영은 기대하기 힘들다는 인식이 공유되고 있다.

(2) 홍콩자치권 부여

일국양제의 핵심은 "홍콩인이 홍콩을 다스린다"는 것이다. 즉, 홍콩자치권의 부여가 가장 중요하다. 이것은 홍콩의 지역인이 스스로 홍콩을 관

(台北: 五南圖書出版有限公司, 1995); 張亞中, 『兩岸統合論』(台北: 生智文化事業有限公司, 2002); 張亞中·李英明 編著, 『中國大陸與兩岸關係概論』(台北: 生智文化事業有限公司, 2003) 등 참조.

리하는 것으로서, 특별행정구 정부는 홍콩의 영주성 주민으로 구성된다. 중앙인민정부가 홍콩에 관리를 파견하는 형태가 아니라는 것이다. 1997년 홍콩이 주권을 회복한 후, 인민군이 과거 상하이나 광저우를 해방시켰던 것과 달리 홍콩을 접수하는 것은 문제가 되지 않았다. 영국 정부로부터 홍콩을 인수 받은 후, 중앙정부는 홍콩의 지방 사무를 직접 관리하지 않았다. 외교와 국방을 중앙인민정부가 관리하는 것 외에 기타 사항은 홍콩특별행정구 자치사무에 속한다는 것을 인정하고, 중앙의 각 부문, 각 성, 자치구, 직할시는 이에 간섭할 수 없도록 했다.

"홍콩인이 홍콩을 다스린다"는 사상의 기초는 홍콩의 중국인이 홍콩을 잘 관리할 것이라는 신념에서 나온 것이다. 과거 홍콩의 번영은 주로 중국인 위주의 홍콩인이 만들어낸 것이기 때문이다. 또 다른 사상적 기초는 애국자 위주로 다스린다는 것인데, 홍콩을 다스리는 홍콩인은 애국자여야 한다는 기준과 한계를 제시한 것이다. 덩샤오핑은 "미래에 홍콩특별행정구 정부의 주요 구성원은 애국자이어야 한다. 당연히 다른 부류의 사람도 필요하지만, 즉 외국인을 고문으로 할 수 있고 …… 애국자란 무엇인가? 애국자는 자기 민족을 존중하고, 조국이 홍콩의 주권을 회복하여 행사하는 데 성심성의껏 지지하며, 홍콩의 번영과 안정을 해치지 않는 자"라고 강조했다. 또한 그는 "그들이 조국을 사랑하고 홍콩을 사랑하면 족하며, 사회주의 제도를 모두 찬성할 것을 바라지는 않는다"고 덧붙였다.

(3) '민심의 회귀'가 기초

'홍콩기본법'을 실시한 이래, 일부에서는 '홍콩기본법'에 따라 사무를 처리하지 않고 선택적으로만 시행하려 하기도 했다. 그 원인은 각각 다르지만 근본적인 원인은 일부 민심이 완전히 돌아오지 않았다는 것, 즉 "땅은 회귀했지만 민심은 완전히 돌아오지 않았다"는 현실에 있다고 볼 수

있다.[11]

영국이 100여 년간 홍콩을 통치했지만 홍콩은 중국인의 도시였다. 인구 비율로 보아도 중국인이 98% 이상이었고, 외국인은 단 2%에 불과했다. 민족 감정 차원에서 보면 홍콩인은 중국이 홍콩에 대한 주권을 회복한 것을 마땅히 환영할 것 같았지만 실상은 그렇지 않았다. 1970년대부터 경제가 발전하고 문화 수준이 높아지면서 청장년층에서 일종의 귀속의 정서, 즉 자칭 홍콩인의 정서가 생겨나 홍콩을 하나의 독립적 실체로 생각하는 사람이 늘어났다. 또한 홍콩 주민의 절반 정도가 대륙에서 왔는데 역사적 상처가 깊어 사회주의 중국에 대한 편견이 생겨났고, 중국으로 회기한 후의 정치 활동을 걱정하기 시작했다. 이러한 이유로 일부 사람의 마음이 아직 회기하지 못한 것이다. 더욱 자세히 들여다보면, 일부는 '홍콩기본법'을 잘 이해하지 못했고, 일부는 근본적으로 홍콩의 회기를 인정하지 않으면서 '홍콩기본법'에서 규정한 중앙정부의 지위를 인정하지 않고 정치적 필요에 따라 일부 조문에 저항했다. 또 다른 일각에서는 국가나 민족에 대한 역사적 인식이 결핍되어 있었다. 따라서 '홍콩기본법'의 실시와 관련해서는 민심을 돌리는 것이 중요했다.

다년간의 경험을 통해 일국양제는 강한 생명력을 가진 국가의 기본 정책이라는 것이 밝혀졌다. 일국양제를 정확히 이해하는 것은 '홍콩기본법'의 핵심적 의미를 파악하는 것이고 '홍콩기본법'의 실천을 이해하는 기초가 되고 있다.

11) 李昌道, 「一國兩制 是香港基本法的核心」, pp.7~10.

2) 양안관계와 글로벌 거버넌스

중국과 타이완의 양안관계와 글로벌 거버넌스 간의 문제는 일반적으로 나타나는 양상과 조금 다르다. 중국은 기본적으로 타이완을 국가로 인정하지 않고 헌법과 '반국가분열법'에 입각해 타이완과의 분단 상황 관리를 진행해왔고, 국제사회도 이를 묵인한 채 중국과 관계를 유지하고 있기 때문이다.

북한의 시장경제체제의 도입을 위한 법제 건설 과정을 이해하기 위해서는 국제금융기구, 국제법제협력기구, 선진국의 법률기구 등 글로벌 거버넌스가 어떻게 법 체제전환을 지원해왔는지 중국과 타이완의 사례를 객관적으로 살펴볼 필요가 있다.

글로벌 거버넌스의 영향력과 관련해서는 거버넌스의 시스템 양상에 따라 다르게 이해해야 한다. 일례로, 유럽 국가들이 유럽연합(Europe Union: EU) 회원국에 가입한 후에는 EU 차원에서 결정되는 정책이 회원국 국내 정책의 내용 및 발전의 방향을 변화시키는 데 큰 영향을 미쳤고, 그 결과 EU의 주요 정책 분야에서는 정책적 수렴 현상이 나타났다. 하지만 이러한 결과를 양안관계에 그대로 적용해 이해할 수 있는가에 대해서는 의문을 던질 수밖에 없다. 즉, 중국과 타이완의 관계는 유럽 국가들이 공동의 이해관계를 추구하는 것과는 다른 차원으로 이해해야 하며, 중국과 타이완은 국가적 차원에서 일국양제 내지 타이완 독립이라는 양안 간 대립이 전제되어 있다.

EU의 정책 과정에는 초국가 단위의 EU 기관 및 이익집단, 국가 단위의 회원국 정부, 지역 단위의 지방 정부 등이 긴밀히 상호작용하는 매우 독특한 형태의 다층적 거버넌스 시스템이 작동한다. 이에 따라 유럽에서는 EU 차원에서 새로운 정책 결정 및 관리체계로서의 이른바 다층적 거버넌스 시스템(multi-level governance system)이 발전해온 반면, 중국과 타이완의 거버넌스 시스템을 이와 같이 이해하는 것은 적절하지 않다.

3) 글로벌 거버넌스 차원에서의 체제전환 요구 사항

법제도의 고유한 성격상 법제도 개혁은 수원국의 국내 정치와 직접적인 관련이 있을 수밖에 없다. 물론 분야에 따라 다소 다를 수는 있지만, 특히 북한과 같이 체제유지가 지상 과제인 국가에서는 법제도 개혁에 더욱 민감할 수밖에 없다. 따라서 그만큼 많은 저항이 예상되며, 북한은 체제유지에 부정적인 영향을 최소화하는 방향으로 개혁이 수행될 것으로 보인다. 정치권력 자체에 변화가 생기면 법제도 개혁은 직접적인 영향을 받는다. 국제금융기구가 북한의 법제 개혁을 지원할 경우, 북한의 특수한 정치적 상황과 국제금융기구의 경험과 이론이 어떻게 절충될 수 있을지 지켜봐야 한다.

전통적으로 거너번스는 엄격한 의미에서 통치(governing) 또는 정치적 권위, 제도를 뜻하며, 궁극적으로는 통제의 의미를 담고 있다. 즉, 거버넌스는 상호의존적 사회관계의 조율 또는 통제를 목적으로 구속력을 행사할 수 있는 공식 정치기제를 말한다.[12] 거버넌스는 시점에 따라 그 강조점과 범위가 다르게 나타나며, 실제로 다르게 작용해왔다. 이 때문에 거버넌스의 개념도 다양하게 정의되어 확정된 개념을 설명하기는 어렵다. 세계은

12) 가장 설득력 있는 정의 중 하나는 토머스 바이스와(Thomas G. Weiss) 라메시 타쿠르(Ramesh Thakur)가 내린 것으로 보인다. 이들은 글로벌 거버넌스를 "구체적인 문제의 해결을 위해 정부, 국제기구, 비정부기구 등이 함께 참여하는 협력적 기제(cooperative problem-solving arrangements)"로 정의한다[정은숙, 『글로벌 거버넌스와 국제안보: 이유와 행위자』(파주: 도서출판 한울, 2012), 15~16쪽].

행에 의하면, 거버넌스란 국가 발전을 위해 경제적·사회적 자원들을 관리하는 국정 운영을 위한 정치적 권력의 행사를 의미한다.[13]

글로벌 거버넌스를 구성하는 기구에는 각국 정부는 물론 각종 국제기구와 비정부기구가 포함된다. 그런데 이러한 거버넌스 기구는 체제전환을 수용하는 국가에 글로벌 거버넌스가 좋은 것이냐 나쁜 것이냐 하는 가치문제와는 무관하게 접근한다.[14] 이들은 글로벌 거버넌스가 "국가, 시장, 시민, 정부, 비정부기구 간의 공식·비공식적인 제도, 기제, 관계, 과정의 복합체로서, 이를 통해 글로벌 차원에서의 집단적 이익의 주창, 권리와 의무 간 관계 성립, 행위자 간 차이점 중재"가 이루어진다고 본다.[15]

글로벌 거버넌스는 전통적인 국제관계를 벗어나 새로운 국제질서와 국제정치 환경에 적용 가능한 새로운 접근법을 찾아보자는 것으로 이해할 수 있으며, 분단국의 경우 하나의 국가로 통합 내지 통일하는 과정에서 순조로운 체제전환을 지원하기 위한 역할을 할 수 있다. 글로벌 거버넌스가 법 체제전환을 지원함으로써 더 나은 국제 환경을 만드는 효과를 제공할 것이며, 이를 통해 선진화된 글로벌 거버넌스 기구들은 체제전환한 수원국과 교류 협력 관계를 맺고 상생하는 관계로 거듭날 것이다.

---

13) 은재호·오수길 엮음, 『한국의 협력적 거버넌스』(서울: 대영문화사, 2009), 24쪽.

14) 정은숙, 『글로벌 거버넌스와 국제안보: 이유와 행위자』, 16쪽.

15) Thomas G. Weiss and Ramesh Thakur, *Global Governance and the UN: An Unfinished Journey*(Indiana University, 2010), p.6. 정은숙, 『글로벌 거버넌스와 국제안보: 이유와 행위자』, 16쪽 재인용.

4) 남북한의 분단상황관리법제와 체제전환을 위한 글로벌 거버넌스

(1) 체제전환에 필요한 분단국의 법적 환경

분단 상황 관리를 비교적 성공적으로 수행한 나라는 동독과 서독이다. 동독 지역에 시장경제체제를 구축하기 위한 독일의 법제 개혁 경험은 남한과 북한에 중요한 참고가 될 것이다. 아울러 분단국인 중국과 타이완은 일국양제를 국가체제로 하여 글로벌 거버넌스 차원에서의 법 체제전환을 시도하고 있다는 점에서 시사하는 바가 크다.

북한이 다른 체제전환국가와 다른 점 중의 하나는 분단국이라는 점이다. 분단 상대국인 남한이 존재한다는 점은 북한의 체제전환 과정에 매우 유리할 수도 있고, 때론 갈등 관계의 지속으로 인해 여러 가지 정치적·경제적 난관을 야기해 불리하게 작용할 수도 있다. 하지만 현재 남한 정부가 남북경협 활성화를 모색하고 있고, 남북관계에서 일정한 수준의 교류협력이 활착되면 북한의 체제전환은 그리 어려운 문제가 아닐 것이다.

그러나 현실적으로 남북 간에는 분단으로 인한 갈등이 여전히 지속되고 있어 북한의 자구적인 체제전환 노력은 쉽지 않을 것으로 보인다. 또한 북한이 시장경제체제를 운영해본 경험이 부족하다는 점, 중국과 같이 집단지도체제가 아닌 1인 독재정권을 유지하는 데서 기인하는 매우 폐쇄적인 환경 등은 북한의 체제전환에 장애로 작용할 것이다.

북한이 체제전환을 하기 위해서는 시장경제 시스템을 뒷받침하는 법적인 환경 조성이 필요한데, 북한은 아직 법적 인프라가 현저히 부족한 실정이다.

그렇지만 북한은 남북 간 거버넌스 차원에서 실시된 개성공단과 금강산관광특구 등 협력 거버넌스를 경험한 바 있다. 언어를 비롯한 상당 부분을 서로 공유하고 있는 남한으로서는 북한의 법제도 개혁에 크게 기여할 수 있을 것이다. 이미 '개성공단법'을 비롯한 관련 법 제정 과정에서 나타난 남북의 협력적 거버넌스 경험은 북한 법제도 개혁에 관한 남북의 협력 가능성을 예고해주고 있어 매우 희망적이라고 할 수 있다. 남한의 과거 개발 경험은 북한의 경제 개발 과정에 원용될 가능성이 높으며, 그만큼 한국의 법제도가 북한에 의해 참조될 가능성도 높다. 북한이 남한의 개발독재의 성공 경험에 깊은 관심을 두고 있고 한민족으로서 높은 문화적 공통성을 공유하고 있다는 점을 고려하면, 남북의 협력적 거버넌스는 북한의 경제 개발에 결정적인 역할을 할 수 있을 것이다.

이제 북한의 체제전환을 위한 법적 환경 구축을 위해 무엇을 어떻게 진행해야 할 것인지 찾는 것이 중대한 과제로 남았다. 개성공단의 법제 운영 경험을 통해 남북경협을 확대하고, 남북 간 상호 신뢰 증진에 더욱 매진하는 것이 일차적인 방안일 것이다.

(2) 남북한 분단 관리를 위한 남한 정부의 과제

남북한 분단과 관련한 남한 정부의 정책에 관해서는 다음의 세 가지를 논하고자 한다.

첫째, 대북정책 및 통일정책 거버넌스이다. 이 문제에 글로벌 거버넌스가 개입하는 것은 쉽지 않다. 또한 국내적으로 지금의 대북정책과 통일정책을 결정하는 거버넌스에 대해 정권마다 관련 정책 및 입장이 바뀔 수 있다는 문제도 있다. 그동안 정권 교체 때마다 정치인들의 개인적 야심 또는 국내 선거 역학으로 인해 혼란과 분열이 반복되었고, 매번 바뀌는 정책으로 결코 적지 않은 사회적 비용이 낭비되었다. 따라서 남한은 주요 대북정책과 통일정책을 정치인의 이해관계와 분리시켜 결정하도록 하는 제도적 메커니즘을 고안할 필요가 있다. 예를 들면, 한국은행의 금융통화위원회와 같은 중립적인 기구로 통일정책위원회를 만들어 주요 대북정책을 결정하도록 위임하는 방법을 들 수 있다.

둘째, 통일을 위해 남한 정부는 법적·국제기구적·외교적·남북 교류적·경제적 영역에서 구체적인 정책을 준비해야 한다. 국내외적으로 통일의 법적 근거를 축적하고 국제기구 등의 결의에도 이를 반영시키는 노력을 기울여야 하며, 외교적으로는 남한이 통일을 원하며 이를 추진하고 있다는 확고한 의사 표현을 하는 등 국제사회를 향해 통일의 메시지를 보내야 한다. 한편, 남북 교류를 가능한 한 지속적으로 확대시켜야 통일의 명분이 축적되고 북한 주민의 마음도 얻을 수 있을 것이다.

셋째, 정부는 각종 다자적·양자적 관계와 제도를 활용하여 남한과 해당 국가의 이해관계를 일치시키는 노력이 필요하다. 분단국에서 통일국가를 이루기 위해서는 사회 모든 부문이 각각 기여할 역할이 있다. 한반도의 미래에 대한 비전을 제시하고 현실적이고 효과적인 정책을 개발하고 제시할 책임도 정부에 있다.[16)]

(3) 북한의 법 체제전환을 위한 글로벌 거버넌스의 과제

북한은 국내 정치, 경제 등 전반적인 상황을 고려하고 법 개혁의 범위와 순서를 전략적으로 결정해야 할 것이다. 예를 들면, 지금 진행되고 있는 국내 상행위 활성화를 위한 방안을 심화시켜 건전한 상거래 질서를 확립해야 할 것이다. 높은 인플레이션 방지, 세금 제도 개혁을 통한 국가 재정 확보 등 거시경제 안정화를 위한 법적 장치도 마련되어야 한다. 또한

---

16) 한반도 통일은 결국 동북아 역내 국가의 영향력이나 미국의 영향력으로 이루어질 수 있는 것이 아니다. 남북한 당사국의 의지가 가장 우선한다. 그런 점에서 양안관계 법제가 남북한 법제 수요에 주는 영향을 어떻게 남북한이 받아들이고 이를 수용할 것인가가 중요하다. 이미 한국은 한국의 법을 저개발국에 수출하고 있다는 점에서 무조건적으로 수용할 것이 아니라 현실적인 유용성 여부를 연구를 통해 검토할 필요가 있다.

국내 자본이 거의 전무한 북한의 입장에서는 해외 자본 유치를 위한 법제도 개혁을 우선순위로 두어야 할 것이다. 농업 부문의 개혁, 토지의 효율적 이용 방안 마련, 국영 기업체의 민영화 등도 시급한 과제이다. 이러한 새로운 법제도를 실현할 수 있는 사법제도와 관련 형사법제도도 재정비되어야 할 것이다. 인류의 보편적 가치인 인권 관련 법제도와 같이 경제와 직접적으로 관련이 없는 분야의 개혁도 전혀 무시할 수 없을 것이다. 그러나 이 모든 개혁도 이를 직접 수행하는 전문 인력의 양성이 없이는 불가능할 것이다.

북한의 독특한 사회주의 계획경제 시스템과 그 작동 원리는 기존의 대표적 국제기구 이론인 초국가주의(supranationalism)나 정부간주의(intergovernmentalism 또는 정부 간 협력주의)의 관점에서 주목하는 초국적 기관, 집단 또는 회원국 정부 등의 정책 행위자를 중심으로 하는 이론적 분석으로는 충분히 설명할 수 없는 부분이 있다.

남한의 가장 큰 관심사는 북한이 과연 국제금융기구로부터 언제, 어떠한 지원을 받을 수 있는가이다. 현재 북한은 세계은행의 회원국이 아니기 때문에 통상적인 방법으로 제공되는 지원을 받을 수 없을 것으로 보인다. 북한이 만약 국제금융기구로부터 지원을 받는다면 가장 먼저 기대할 수 있는 것은 기술 지원 분야이다.

북한에 대한 국제금융기구의 지원은 무엇보다도 정치적인 고려하에 이루어질 가능성이 높다. 북한 문제의 국제적 차원의 특수성 때문이다. 북한 문제는 북한 자체 또는 한반도만의 문제가 아니라 동북아시아 나아가서는 세계적인 문제이다. 따라서 지원 시기나 방식, 규모 등은 극히 유동적이다. 당면한 북핵 문제 해결과 직결된 세계적 차원의 정치적 사안이기 때문에 지금과는 다른 방식에 의한 지원도 얼마든지 가능할 것으로 판단된다.

북한이 베트남이나 중동부 유럽 및 독립국가연합(Common wealth of Independent States: CIS) 체제전환국의 모델을 따를 경우, 국제금융기구는 구조조정 융자 및 대출을 포함한 포괄적인 경제 개혁 패키지를 추진할 가능성이 크다. 따라서 어떤 부문을 우선적으로 개혁할 것인가에 대해서 북한 정부에 많은 선택권이나 유연성을 부여하지 않으면서 이행조건이 수반된 융자와 차관이 진행될 가능성이 크다. 한편, 중국식 접근 방식, 즉 '외국의 법을 받아들이도록 강요되는' 상황을 피하면서 점진적인 접근을 한다면 제도 개혁의 방향 및 범위에 대한 상당한 유연성과 주도권(ownership)을 확보할 수도 있을 것이다.

베트남 혹은 중국 모델 중 어떤 모델을 북한에 적용할 것인지에 대해서는 북한이 국제금융기구에 가입한 전후의 경제 상황에 의해 좌우될 것이다. 북한이 경제적인 난관에도 경제 개혁과 관련해 폐쇄적인 국가 정책을 고수하는 한 대부분의 국제금융기구 회원국은 구조조정 융자와 차관을 요청할 것이다. 이러한 방식은 법제도 개혁을 수행하도록 수원국 정부에 상당한 압력을 가할 수 있기 때문이다. 만약 다른 기금 재원의 부족으로 북한이 즉각적인 외부 지원을 필요로 할 경우, 광범위한 법제도 개혁 관련 이행조건을 받아들여야 하기 때문에 결국 경제 개혁이든 법제도 개혁이든 개혁의 방향이나 범위 면에서 수원국의 주도권을 상대적으로 많이 누리지 못할 가능성이 높다.

4. 결론

법제 개혁을 위한 글로벌 거버넌스의 주요 조직으로는 국제금융기구, UN 등의 국제기구, EU와 같은 지역공동체, 개별 국가, 국제적 비정부기구 등을 들 수 있다. 그중 1990년 이래 시작되었던 사회주의 체제전환국의 법제 개혁에 대한 지원은 국제금융기구, UN, EU가 사실상 결정적 역할을 담당해왔다. 글로벌 거버넌스는 물질적 지원과 함께 점차 그에 대한 관리 운영 능력을 배양하는 기술 지원에 좀 더 많은 관심을 보여왔다. 그러나 실질적인 분단국인 중국과 타이완에는 현실적으로 글로벌 거버넌스 차원에서의 지원이나 영향력 행사가 크지 않았다. 어쩌면 분단국이라는 특수한 상황에서 중국의 국제사회에 대한 영향력이 컸기 때문에 국제기구가 제구실을 할 수 없었는지도 모른다.

한편, 국제기구의 지원은 남북한의 분단 상황을 현상 유지시키는 데 실제적인 도움을 주었고 지금까지 그래왔다. 남북이 분단된 상황에서 남한을 배제한 채 북한에 대한 글로벌 거버넌스의 관여가 이루어지는 것은 그리 어려운 문제가 아니다.

분단 상황에서 정치적인 문제보다 경제적인 측면에서 북한을 정상적인 국제사회의 일원이 되도록 유도하는 것은 남북한 정치 및 군사안보 차원에서 필요한 일이다. 북한에 가장 가까이 다가갈 수 있는 의제가 바로 경제문제이기 때문이다. 따라서 북한이 관심을 기울이는 경제문제로 북한에 접근하면서, 경제적 지원과 시장경제제도에 대한 법제 개혁 지원이 있어야 할 것이다. 특히 북한이 글로벌 시장에 연계되기 위해 필요한 것은 주요 국제금융기구와 WTO의 회원국이 되는 것이다. 북한은 미국과의 국교 정상화를 통해 국제시장에서 좋은 여건을 획득할 수 있도록 적극적인 노력을 기울일 필요가 있다. 북한의 경제 회복을 위한 국제사회의 역할이 제대로 수행되기 위해서는 북한 스스로 국제사회의 일원으로서 활동하는 법을 배워야 한다.

참고문헌

백학순. 2003.『베트남의 개혁·개방 경험과 북한의 선택(세종정책연구 2003-15)』. 서울: 세종연구소.

서보혁. 2009.「다자안보협력의 제도화 경로: C/OSCE의 경험과 동북아 적용 방안 연구」. ≪국제정치논총≫, 제49권, 제2호.

송병록. 2002.「OSCE의 동아시아 지역 적용가능성과 문제점」. ≪유럽연구≫, 제16권.

양해곤. 2002.「중국 '존중보장인권법' 제정의 학자적 주장」. ≪사회과학논집≫, 제17권, 제1호. 울산: 울산대학교.

윤대규. 2006.『법제도 개혁을 위한 국제금융기구의 지원에 관한 연구』. 서울: 한국법제연구원.

_____. 2008.「주요국가의 개도국에 대한 법제 정비 지원 사업」. ≪통일문제연구≫, 통권 제49호.

윤대규·임을출. 2006.『북한경제 개혁을 위한 새로운 패러다임』. 파주: 도서출판 한울.

윤대규 엮음, 2009.『북한의 체제전환과 국제협력』. 파주: 도서출판 한울.

은재호·오수길 엮음. 2009.『한국의 협력적 거버넌스』. 서울: 대영문화사.

이종훈. 2009.『양안통일이 시작되었다(중국, 타이완 교류 협력 정책 및 법제』. 파주: 한국학술정보.

정영철. 2004.『북한의 개혁·개방』. 서울: 선인.

정은숙. 2012.『글로벌 거버넌스와 국제안보: 이유와 행위자』. 파주: 도서출판 한울.

최은석. 2006.『남북한과 중국·타이완의 교류협력법』. 파주: 한국학술정보.

_____. 2009.「분단국의 교류협력법제와 동북아 질서 재편」. ≪통일문제연구≫, 제21권, 제2호.

〈중문〉

毛澤東. 1968.「工人階級與資産階級的矛盾是國內主要矛盾」.『毛澤東選集 第五卷』. 北京: 人民出版社.

吳新興. 1995.『整合理論與兩岸關係之硏究』. 台北: 五南圖書出版有限公司.

王文昇. 1987.「社會主義初級段階的含義, 特徵和歷史地位」, ≪社會科學≫, 第六期.

李昌道. 2005.「'一國兩制' 是香港基本法的核心」, 2005 韓·中國際學術會議(2005.

6.28). 國民大 法大 北韓法制硏究center·法學硏究所·韓國法學敎授會 北韓法硏究特委·中國復旦大學 法學院.

張亞中. 2002.『兩岸統合論』. 台北: 生智文化事業有限公司.

張亞中·李英明 編著. 2003.『中國大陸與兩岸關係概論』. 台北: 生智文化事業有限公司.

張志京 主編. 2008.『勞動法學 第二版』. 上海: 復旦大學出版社.

許崇德. 2000.「中國 "一國兩制"理論의 法的 表現」. 韓·中法制發展 및 北韓法制動向」學術seminar(2000.8.11). 北京: 中國 北京 人民大學 法學院.

彭眞. 1983.「中華人民共和國憲法改正草案報告」.『中華人民共和國 第5期 全國人民代表大會 第5次 會議文件』. 北京: 中國人民出版社.

〈영문〉

Asia Development Bank. 2003. *Technical Assistance Completion Report, Technical Assistance for Retraining Government Legal Officers(TA 2853-VIE)*. Manila: ADB.

Bevir, Mark. 2009. *Key Concepts in Governance*. London: Sage.

Fischer, Stanley and Alan Gelb. 1991. "Issues in Socialist Economy Reform." *Journal of Economic Perspectives*, Vol. 5.

Gupta, Poonam, Rachel Kleinfeld, and Gonzalo Salinas. 2002. "Legal and Judicial Reform in Europe and Central Asia." The World Bank Operations Evaluation Department, 27811.

Weiss, Thomas G. and Ramesh Thakur. 2010. *Global Governance and the UN: An Unfinished Journey*. Indiana University.

엮은이

윤대규

미국 워싱턴대학교(University of Washington) 법학 박사

현재 경남대학교 서울부총장, 경남대학교 극동문제연구소 소장

주요 저서: 『법사회학』(1997), 『북한 경제개혁을 위한 새로운 패러다임』(2006), 『북한에 대한 불편한 진실』(2013) 외 다수

주요 논문: 「북한주민의 법의식 연구」(2005), 「주요 국가의 개도국에 대한 법제정비 지원사업」(2008), 「북한사회의 변천과 헌법의 변화」(2010) 외 다수

지은이(가나다순)

민경배

독일 프라이부르크대학교(University of Freiburg) 법학 박사

현재 경남대학교 극동문제연구소 연구교수

주요 저서: 『동북아 질서에 대한 북한의 법제도적 시각』(2011), 『북한의 체제전환과 국제협력에 관한 법제도』(2010) 외 다수

주요 논문: 「중국의 노동법제 발전을 통해 본 북한의 노동법제 변화 전망」(2010), 「중국의 공산당정책(규범)과 국가법의 관계」(2004), 「서구 인권사상의 역사적 발전과 현황에 대한 고찰」(2001) 외 다수

양문수

일본 도쿄대학(東京大学) 경제학 박사

현재 북한대학원대학교 교수

주요 저서: 『북한경제의 구조: 경제개발과 침체의 메커니즘』(2001), 『북한경제의 시장화: 양태·성격·메커니즘·함의』(2010) 외 다수

주요 논문: 「북한에 대한 인도적 지원의 경제·사회적 효과」(2007), 「북한의 화폐개혁: 실태와 평가」(2010) 외 다수

윤대규

미국 워싱턴대학교(University of Washington) 법학 박사

현재 경남대학교 서울부총장, 경남대학교 극동문제연구소 소장

주요 저서: 『법사회학』(1997), 『북한 경제개혁을 위한 새로운 패러다임』(2006), 『북한에 대한 불편한 진실』(2013) 외 다수

주요 논문: 「북한주민의 법의식 연구」(2005), 「주요 국가의 개도국에 대한 법제정비 지원사업」(2008), 「북한사회의 변천과 헌법의 변화」(2010) 외 다수

임을출

경남대학교 정치학 박사

현재 경남대학교 극동문제연구소 연구교수

주요 저역서: 『웰컴투 개성공단』(2005), 『북한 경제개혁을 위한 새로운 패러다임』(2006), 『원조와 개발』(2009), 『국가건설을 어떻게 할 것인가』(2011) 외 다수

주요 논문: 「동북아 개발협력: 북한의 인식과 법제적 대응」(2010), 「동북아 안보레짐: 북한의 국제법적 인식과 대응」(2010), 「6자회담의 다자적 제도화: 초기조건과 결정요인」(2009), 「국제사회 M&E제도의 남북협력기금 적용 방안과 과제」(2009) 외 다수

최은석

국민대학교 법학 박사

현재 통일교육원 교수

주요 저서: 『남북한과 중국·대만의 교류협력법』(2006), 『동북아 질서에 대한 북한의 법제도적 시각』(2011) 외 다수

주요 논문: 「남북 교류 협력에 대한 북한의 법제 인식」(2011), 「북한의 우주 개발 계획과 분석: 법제도적 시각을 중심으로」(2013) 외 다수

한울아카데미 1610

경남대 극동문제연구소 북한연구 시리즈 43
사회주의 법 체제전환과 글로벌 거버넌스

엮은이 | 윤대규
지은이 | 민경배·양문수·윤대규·임을출·최은석
펴낸이 | 김종수
펴낸곳 | 도서출판 한울
편집책임 | 조수임
편집 | 서성진

초판 1쇄 인쇄 | 2014년 11월 10일
초판 1쇄 발행 | 2014년 11월 30일

주소 | 10881 경기도 파주시 광인사길 153 한울시소빌딩 3층
전화 | 031-955-0655
팩스 | 031-955-0656
홈페이지 | www.hanulbooks.co.kr
등록번호 | 제406-2003-000051호

Printed in Korea.
ISBN 978-89-460-5610-7 93340(양장)

* 책값은 겉표지에 표시되어 있습니다.

이 저서는 2011년도 정부 재원(교육부 인문사회연구역량강화사업비)으로 한국연구재단의 지원을 받아 연구되었습니다.(NRF-2011-413-B00005)